칡뫼김구가 바라본 소소한 일상
고양이처럼 출근하기

글, 그림 칡뫼김구

한국스마트협동조합

목차

추억이 담긴 그림 한 점　　　　　　7

용재 아저씨　　　　　　　　　　13

통일의 밥상　　　　　　　　　　19

할아버지의 가을 그리고 겨울　　　25

낙원상가 아래 낙원　　　　　　　35

쓱 SSG　　　　　　　　　　　　37

사랑하는 당신에게　　　　　　　41

부처님 오신 다음 날　　　　　　45

고양이처럼 출근하기　　　　　　49

취해야 사는 남자　　　　　　　　53

수인 257번　　　　　　　　　　59

겨울나무　　　　　　　　　　　65

칼을 든 손과 꽃을 든 손　　　　　67

그래 감추고 싶었던 것은 고추가 아니었어　　71

어린 날의 풍경화　　　　　　　　77

풀을 뽑다가　　　　　　　　　　83

의자들의 대화　　　　　　　　　85

투르게네프의 참새가 된 아내　　　93

할머니의 기다림　　　　　　　　99

고승을 찾아갔다가 부처님을 만나다　　103

색으로 된 세상	109
나의 외할머니	115
최후의 만찬	119
헛챔질	123
낙엽	127
본다는 것	131
밤톨을 줍다 보니	133
아버지	135
장욱진 회고전을 보고	139
새우 그림	145
화가의 우울증	149
화수분	153
노동자	159
퇴짜를 즐겨도 된다	161
아름다운 가슴	167
댑싸리 빗자루	173
자화상	177
완산 이 씨 할머니	179
선술집에 걸린 그림	185
어디로 갈 거나?	191

예전 스케치북을 들춰 보니	195
지허선사	203
울산 대곡리 반구대, 천전리 암각화	207
독끄	221
작품 '연인'	225
서사형 수필이 발흥發興하는 이유	231

추억이 담긴 그림 한 점

오랜만에 처가를 찾았다. 인사드리고 건넛방에 들어가니 벽에 낯익은 작은 그림이 보였다. 소꿉친구처럼 반가웠다. 20대에 내가 그린 그림이었다. 한 뼘 높이에 폭은 두 뼘 정도로 멀리 섬이 늘어서 있고 그 앞으로 고깃배와 점점이 박힌 김발 장대, 가까이 언덕에는 배를 향해 손 흔드는 사람이 그려져 있다.

팔 십년대 초, 인생진로에 대해 고민이 많았던 나는 그림에 뜻을 두고 스케치 여행을 자주 다녔다. 이른 봄이었지 싶다. 여행은 안면도 영목포구까지 버스를 이용하고 그곳에서 하루를 묵은 다음, 배를 타고 대천으로 가서 기차로 돌아오는 코스였다. 서울에서 출발한 나는 어둠이 깔릴 즈음 겨우 안면도에 도착했다. 그런데 도착한 종점은 영목포구 한참 못 미쳐 있었다. 그림도 그리고 오전에 배를 타려면 포구에서 잠을 자야 했다. 내린 승객들이 하나둘 사라지고 낯선 밤길을 홀로 걸었다. 한참을 걸어 도착한 영목항에는 허름한 불빛 아래 여관이 둘 있었다.

"이집 저집 망설이다가 서울서 왔기에 이리 들어왔어요."

내가 묵은 곳은 '서울여관'이었다.
다음 날 아침, 방문이 살며시 열리더니 앳되어 보이는 아가씨가 아침상을 들고 들어왔다. 딸인 듯했다. 고교생 소녀였을까. 총각은 낯선 처녀가 들고 온 밥상을 처음 받아 보았다. 야릇하고 민망했다. 문학작품 속 '사랑손님'도 이런 기분이었을까? 한편 삼삼해서 좋기도 했다. 정갈하게 차려진 밥상에는 젓갈이며 굴, 미역, 생선구이 등 해산물이 풍성했다. 특히 파래김의 알싸한 첫맛과 달달한 뒷맛은 지금까지 혀끝에 남아있다. 아마 예쁘장한 섬 처녀가 들고 들어온 상차림이라 그렇지 싶다.

부둣가로 향하니 다방이 하나 있었다. 삐걱거리는 나무 바닥 틈새로 바닷물이 보였다. 대걸레로 바닥을 닦는

마담은 풍선껌을 씹고 있었다. 낡은 전축에서는 <섬마을 선생님>이란 노래가 흘러나오고. 어쩜 그 노래가 제격이라는 지금의 생각인지도 모르겠다. 창가에 앉아 달콤한 커피와 함께 바 다를 마셨다. 창밖에는 갈매기가 날고 있었다. 내 마음처럼.

달떠서 길을 걸었다. 널어놓은 파래김, 쌓여있는 굴껍데기, 비릿한 바닷냄새, 갈매기 울음소리. 언덕 위에는 그림엽서에서 방금 나온 듯한 흰 벽에 빨간 지붕을 한 교회당이 있었다.

안개가 걷히자 세상이 닦아놓은 흰 고무신 같았다. 멀리 섬이 보이고 그 앞으로 갯벌이 누워있고 포구는 그 모든 것을 감싸안고 있었다. 시련을 이겨낸 흔적일까. 갯벌 위에는 삶의 느낌표처럼 점점이 김발 장대가 박혀있었다. 그 사이로 달리는 고깃배는 연 꼬리처럼 물결을 달고.

서울 총각은 먹을 갈아 포구 풍경을 화선지 위에 옮겼다.

그 뒤 십수 년이 흘러 가정을 꾸린 나는 아내와 아이

안면도 일몰, 50X25cm, 화선지 수묵담채, 1981년

들을 데리고 다시 영목항을 찾았다. 서울여관이 있던 자리에는 새로 지은 2, 3층 됨직한 건물이 자리 잡고 있었다. 1층에는 꽃게를 전문으로 하는 음식점이 있었는데 일부러 그곳을 찾았다. 식사를 마친 나는 주인아주머니에게 여쭈어보았다.

"십수 년 전에 이곳에 왔었는데요, 혹시 여기가 서울여관 자리 아닙니까?"

"네, 맞아요. 서울여관, 제가 쭈욱 이 집에서 살았죠."

"아! 그래요. 그때 보니 예쁘장한 따님이 계셨던 것 같은

데."

"우리 딸애요, 저기 있잖아요."

장난감을 가지고 천방지축 노는 아이 옆에 갓난아기에게 젖 먹이는 젊은 아낙이 있었다. 일요일이라 친정집에 다니러 왔다는 바로 그 소녀였다. 섬 집 소녀는 두 아이의 엄마가 되어있었다. 세월은 그렇게 흐르고 있었다.
가족과 섬을 다녀온 것이 또 십여 년 전 일이다. 그러니 총각 시절 안면도로 스케치 여행을 갔던 때가 벌써 삼십여 년 전 일이 되었다. 하지만 그림 속 풍경 때문인지 과거 일이 오늘처럼 생생하게 되살아났다. 아련한 추억이 작은 그림 속에 커다랗게 숨어 있었던 것이다.

2012년 봄

용재 아저씨

내 고향 갈산리가 나의 일터다. 서울서 한 시간 남짓 걸리는 출근길, 일찌감치 차를 몰고 집을 나섰다. 큰길을 벗어나 농로로 접어드니 지게에 잘린 소나무 두어 개를 지고 가는 사람이 보였다. 용재 아저씨다. 풀린 것인지 안 맨 것인지 땅에 끌리는 지게 끈이 세상 바쁜 게 없어 보였다. 길을 막고 걸으니 천천히 뒤를 따랐다. 몇 걸음을 옮기고 나서야 차 소리를 들었는지 길섶으로 물러섰다.

보살피기 좋게 잘라준 까까머리에 누렇게 탄 갈색 피부, 눈꼬리에 입꼬리까지 처진 선한 얼굴이다. 듬성듬성 난 짧은 수염은 나이 탓인지 희끗희끗했다. 말이 없어도 입을 헤벌리고 혀를 내민 채 히쭉히쭉 웃는다. 나이 든 '영구'랄까.

길을 터줬지만 지나가려면 여간 신경이 쓰이는 게 아니었다. 그는 지게에 진 나무 길이를 모르는 데다 사람을 좋아해 아무나 보고 "아즈씨, 아즈씨" 한다. 차에 탄 사람이 궁금해 갑자기 몸을 돌려 아는체할지도 모른다. 예전에도 깜짝 놀라 경적 울리는 차를 몇 번 보았던 터였으니까.

용재 아저씨의 걸음걸이는 방향이 일정치 않다. 갈지자는 기본이고 어떤 때는 길 한가운데 한참을 서 있기도 했다. 길 지나던 외지인은 일부러 차량의 통행을 막는 것으로 오해하기 일쑤였다. 가끔 화가 난 운전자가 내려서 따지려다 그의 얼굴을 보고는 말없이 그냥 자리를 피하곤 하였다.

오늘도 마을 공동묘지에 다녀오는 모양이었다. 손에는 사과 한 개, 이른 아침부터 상석에 놓인 술을 마셨는지 얼굴이 불콰했다.

국민학교 여름방학 때였다. 앞산 '삼태기 골'로 소에게 풀을 먹이러 가곤 했는데, 산자락에 이르니 아이들이

그를 놀리고 있었다. 건빵을 줄 테니 아랫도리를 벗어보라고, 얻어먹는 재미에 히쭉히쭉 웃으며 바지를 벗었는데 어른인 그는 사타구니에 털이 나 있었다. 손가락질하고 깔깔거리며 골탕 먹이는 모습에 난 그가 안쓰러워 친구들을 말렸던 기억이 있다. 그는 우리 막내삼촌과 동갑으로 군에 같이 갔지만 혼자 집으로 되돌아와야 했다. 할머니는 용재 아저씨를 볼 때면 사고로 죽은 막내아들 생각에 눈물을 훔치곤 하셨다.

궂긴 일로 고향 상갓집을 찾으면 그는 거기에 상주처럼 있었다. 평소와 달리 표정이 자못 심각했으며 동네 사람들도 그를 놀리지 않았다. 마을 사방 십 여리, 초상집에는 늘 그가 있었다. 동네 어른의 부음을 듣고 문상을 못 오면 우스갯소리로 '용재만도 못한 놈' 소리를 들을 정도였다. 먹을 것이 변변치 않던 시절, 착한 그에게 동네 분들이 일부러 소식을 흘린 탓도 있었으리라.

엊그제 추석이었다. 집안 어른들과 성묘를 하는데 마을묘지에 나타난 그는 잔칫날이 따로 없었다. 여기저기 무덤마다 사과며 배, 술까지 놓여있으니 며칠 동안 입이 즐거울 것이었다. 얼굴에 행복이 묻어나 보였다. 막내삼촌 묘에 예를 갖추고 일어서며 생각을 해 보았다. 삼촌이 살아계셨다면 내년이면 칠순이시다. 그러니 용재 아저씨도 이제 칠십 노인이었다, 순진무구한 그도 세월을 거를 수는 없었는지 얼굴에 잔주름이 많았다. 하긴 애, 어른 할 것 없이 반말로 대하니 모두 그의 나이를 잊고 있었을 뿐이었다. 변하지 않은 것은 여전히 실실 웃는 선한 모습이라고나 할까.

성묘를 마치고 앞산을 바라보았다. 산이 아름다운 건 뭐든지 품고 보듬기 때문이 아니던가. 아무리 불편한 몸, 부족해 보이는 마음을 가진 사람도 품어주며 함께 살던 모습은 점점 보기 힘든 세상이 되어가고 있다. 나에게는 아마 용재 아저씨가 마지막이 아닐까.

무덤가는 야생화의 천국이다. 봄에는 미나리아재비

가 살랑거리고, 오뉴월이면 솔나물, 여름에는 마타리, 타래난초, 멍석딸기까지 지천이다. 이제 개솔새가 하늘거리고 억새가 하얗게 피어나는 가을. 카메라를 삼각대에 걸치고 야생화를 담았다. 사진을 찍다가 발아래 있는 돌콩 꼬투리를 까보았다. 콩 알갱이가 고르게 들어있는 것이 아니었다. 쭉정이도 보이고 덜 자란 알갱이도 함께 들어있었다.

무덤가에 앉아 쉬고 있는데 언제 와 있었을까. 용재 아저씨가 곁에서 웃고 있었다.

"아즈씨, 아즈씨 뭐해?"

2008년 가을

만추, 53X45.5cm, 화선지 수묵담채, 1981년

통일의 밥상

허공을 응시하는 눈빛. 굳게 다문 입. 차려 자세를 취한 팔과 어깨에 힘이 실려 있었다. 60여 년 전, 전쟁터로 향하던 때의 모습이 저러셨을까. 팔순 노병의 주름진 얼굴에는 비장함이 흘렀다. 깊게 눌러쓴 재향군인회 모자. 빛바랜 양복저고리에는 아버지의 마지막 자존심 화랑무공훈장이 달려있었다.

"다녀오마."

금일 노병들의 집결지는 광화문. 전선은 며칠째 시청광장과 광화문 사이에 형성되어 있었다. 시민단체에 맞서 보수단체가 지원군을 자처한 것이다

내 고향은 경기도 김포의 휴전선 가까운 마을 갈산리다. 동네 산에 오르면 한강과 임진강이 보이고 북한 땅이 코앞이다. 접경지역이라 마을과 마을 사이에는 군부대가 자리 잡고 있다. 어린 시절 삐라를 줍거나 대남, 대북 선전방송을 들으며 학교에 다녔다. 삐라는 남쪽과 북쪽 것이 다 떨어졌는데 종이나 그림 색깔이 코흘리개 눈에도 우리 것이 훨씬 좋았다. 대남방송 스피커 소리는 바람결 따라 크게 들리다가 작아지곤 했는데 주로 하는 말은 '위대한 수령 김일성 동지'와 '박정희 괴뢰도당'이란 말이었다. 이에 맞선 대북방송은 '귀순', '자유대한'이란 말에 유행가를 자주 틀어주었다.

수없이 듣던 아버님의 참전 이야기 때문일까. 눈뜨면 보이는 군인들과 반공교육 때문일까, 어릴 적부터 나의 머릿속에는 삼팔선과 휴전선이란 굵은 줄이 그어져 있었다. 같은 것으로 여겼던 두 선이 학년이 높아져서야 하나는 직선이고 하나는 곡선임을 알았다. 하지만 삼팔선이건 전쟁 후 그어진 휴전선이건 작두날에 잘린 짚단처럼 동강 난 한반도의 상처란 점은 같았다. 거기에 빨갱이란 말 때문인지 북쪽은 붉은색, 남쪽에는 파란색이 자연스레

칠해졌다. 그 느낌이 강해서일까. 태극기의 태극문양과 색깔조차 우리 민족의 운명처럼 느껴졌다.

전쟁은 낙인처럼 우리 모두의 마음에 분단의 철조망을 새겨놓았다. 그로 인해 의지와 상관없이 편이 갈려 살았다. 지면 죽는 것 이기면 사는 것일까. 생각이 틀리면 네 편, 내 편이 되어 결사적으로 싸운다..

저녁나절, 아버지께서 돌아오셨다.

"어떻게 지킨 나란데, 나라를 흔들어, 데모나 해대고."
"나라를 흔들기는요, 그 사람들 오죽하면 길에 나섰겠어요?"

나는 아버지의 말씀에 반론을 제기했다.

"전보다 얼마나 잘 사냐. 호강에 겨워 그러지."
"잘 살면 뭐가 부족해서 그렇게 빨리 밀어붙여요. 사람이 죽었잖아요?"

용산 참사 후 들끓는 아우성에 동조하던 나였다.

"법을 지켜야지, 법!"
"법은 배운 사람들이 더 안 지켜요. 아버지. 보셨잖아요. 부동산투기, 병역기피, 논문표절, 그 사람들 할 수 있는 건 다 해요. 보통사람들은 법 없어도 산다고요."

논쟁은 어머님의 눈짓과 밥상에 의해 휴전으로 들어갔다.

분단의 업보일까. 태어나면서 세상에 눈뜨고 뭔가 행위가 이루어지는 순간 우린 편 가르길 좋아한다. 생각의 다름, 돈의 많고 적음, 직책의 높고 낮음, 배움의 차이와 배운 곳의 다름까지, 더군다나 태어난 장소까지도 들먹이며 가르고 나눈다.

우리 가족에게도 예외는 아니다. 촛불집회 때 아버님은 소속 단체의 부름을 받고 세종로로 가시고 나는 서울광장으로 향했었다. 그 사이에는 전경 버스가 빈틈없는 굵은 선이 되어 분단의 벽을 쌓고 있었다. 그러나 아버지와 나는 끼니때가 되면 밥상에 둘러앉아 식사를 함께 하는 가족이다.

"아버지 이 된장찌개 좀 잡숴보세요."
"오냐. 이 밥 좀 더 먹어라."

요즘 들어 식사량이 부쩍 줄어든 아버님은 늘 당신 밥그릇의 밥을 내게 덜어 주신다. 한 숟갈은 정떨어진다며 꼭 두 숟갈을.

눈에 보이는 분단의 휴전선뿐만 아니라 마음과 마음 사이에 난 단절의 경계선도 무너뜨릴 어머니의 밥상 같은 그런 통일의 밥상은 없을까?

2009년 가을

할아버지의 가을 그리고 겨울

　　내가 살면서 처음 만난 힘 있는 남자는 할아버지였다. 아버지가 계셨지만, 당시 내 눈에는 할아버지에게 고분고분한 자식일 뿐이었다. 난 할아버지의 인생에서 보자면 여름이 끝날 즈음 태어났다. 그러니 할아버지의 봄날은 당연히 볼 수 없었고 여름도 빛바랜 결혼사진 한 장으로 살짝 훔쳐봤을 뿐이다. 결국, 내가 본 것은 할아버지의 가을이었고 좀 더 크면서 겨울도 목격할 수 있었다.

　　어릴 적 고향 집은 안채와 행랑채, 그리고 사랑채가 붙어있는 "ㅁ"자형 한옥이었다. 할아버지는 사랑채의 주인이셨다. 집안을 들고 나는 사람들은 사랑채 댓돌부터 살피고 볼 일이었다. 할아버지가 계시면 고양이 걸음

분단시대, 64X84cm, 기름한지 먹 채색, 1984년

에 목소리부터 낮췄다. 시끄러우면 불호령이 떨어지기도 했지만, 어른에 대한 예우가 각별했던 시절이었다.

자그마한 키, 농사일로 검게 탄 얼굴, 짧게 자른 머리에 수염을 기르신 할아버지는 담배를 즐기셨다. 겨울철 사랑방에는 질화로와 놋쇠 재떨이 그리고 곰방대와 담배쌈지가 놓여있었다. 화로에는 부젓가락이 있어 담배에 불을 붙일 때 요긴하게 쓰였다.

한복차림에 한쪽 무릎을 세우고 무릎 위에 팔꿈치를 기댄 채 곰방대로 담배를 피우셨는데 매운 연기 탓인지 늘 눈을 지그시 감고 계셨다. 물부리를 입에 물고 들숨을 쉬면 대통의 담배가 빨갛게 태워졌다. 그리곤 천천히 뱉어내는 날숨을 따라 온갖 근심과 회한이 연기로 사라졌다. 마치 명상에 든 사람처럼 반듯한 모습에는 가장의 위엄이 배어있었다.

매미 소리가 잦아들더니 시끄럽던 꾀꼬리는 늘어난 식구를 데리고 남쪽으로 떠났다. 숲은 조용해졌고 가끔 박새가 눈치 없이 소리를 만들 뿐이었다. 산이 가을 기미를 챘나 싶었는데 어느새 나무는 울창했던 이파리를 맥없이 떨어뜨리고 있었다.

　가을걷이가 끝나면 농촌에선 땔감을 장만하는 것이 큰 일과였다. 밥 짓는 일을 하거나 추위를 견디려면 아궁이에 불 때는 것 외에 달리 방도가 없던 시절이었다. 가까운 산은 일찌감치 벌거숭이였다. 그래서 멀리 십여 리나 떨어진 골 깊은 '문수산'으로 나무하러 다녔다. 아침 일찍 낫을 두 자루나 갈아 놓았던 할아버지도 동네 분들과 나무하러 가셨다.

　해 질 녘이면 멀리 '회나무재'에 지게 위에 나무를 가득 지고 돌아오는 나무꾼들이 보였다. 처음에는 점점이 보이다가 그 수가 차츰 많아졌다. 출렁출렁 움직이는 나뭇짐은 마치 전쟁터에서 돌아오는 말 탄 병사처럼 보였다. 가끔 나무꾼 뒤로 붉은 노을이 드리우기도 했는데 놀다가도 난 이 모습을 보면 집으로 뛰어가

　"할아부지 나무 해 가지고 오셔요."

두 번 세 번 소리쳤다. 할머니께서는 목수 일을 마치고 돌아온 아들을 마중 보냈다. 하지만 지게를 지고 도착한 것은 아버지가 아니고 할아버지셨다.

작은 체구였지만 할아버지는 힘으로 장사 대접을 받으셨다. 남들은 지게에 나무를 세 동이 정도 얹어 오거나 조금 많다 해도 뒤에 한 동이를 덧붙이는 정도였다. 그런데 할아버지는 세 동이 뒤에 보통 두 동이를 더 달고 오셨다. 그러니 어려서부터 목수로 농사일이 서툴던 아버지는 지게를 넘겨받지 못하셨던 게다. 이때만 해도 할아버지는 여름이셨다.

세월이 흘러 자식들도 출가했다. 일밖에 모르고 배움이 적었던 할아버지는 크고 작은 일에서 할머니에게 밀려나셨다. 이장님이나 동네 어른들은 무슨 일이 있으면 이치가 바르고 셈이 빠르신 할머니를 찾았다. 가끔 할아버지가 계시면 예의상 먼저 말씀을 드렸지만, 할아버지는 이내 할머니와 상의 할 것을 권하곤 하셨다. 그 뒤론 할머니가 집안의 대표가 되셨다.

할아버지는 남자만이 할 수 있는 일로 그나마 체면을 유지하셨다. 논두렁 꼴 베는 실력은 마을에서 으뜸이셨다. 꼴 베어낸 논두렁은 이발한 듯 정갈하고 깔끔해 칭찬이 자자했다. 농사일에서는 아직도 가장의 권위가 살아 있었다. 하지만 갈수록 할아버지의 힘은 약해졌다. 아들, 딸, 며느리들도 할머니에게 의지했다. 모든 문제는 할머니 손에서 해결됐기 때문이었다. 할아버지에게 가을이 오고 있었다.

집에서 조용히 일만 하시던 할아버지는 동네에 잔치가 있거나 초상이 나면 존재감을 술로 푸셨다. 잔치마당에선 춤을 추곤 하셨는데 좌중을 휘어잡는 춤 솜씨는 일품이셨다. 제자리에 선 듯싶다가도 이내 흐르는 춤사위는 여울물처럼 경망스럽지 않고 유장하여 강물 같았다. 어깨를 으쓱하고 태극문처럼 양팔을 상하좌우로 접어 펴며 허공에 툭툭 던지는 몸짓에는 손가락이며 발끝까지 힘이 실려 있었다. 가끔 신음하는 듯 낮은 소리를 춤사위에 얹곤 하셨는데 속울음을 우는 듯 흐느끼는 듯 슬펐다. 장고며 북 장단에 춤사위는 이어졌지만 얼마 지나지 않아 술 사발과 함께 멍석에 쓰러져 주무셨다. 붉고 화려해 보였지만 할아버지의 늦가을은 그렇게 와 있었다.

　취한 할아버지를 모시고 오는 것이 나의 일이었다. 그 일도 점점 힘들어졌다. 취하시는 정도가 심해 어린 나로서는 감당키 어려웠다. 아버지나 식구들이 나서야 했다. 집에 와서는 주무시지 않고 손자들을 불러 앉혀놓고 말씀이 많으셨다. 주로 조상님 이야기였다. 조상 이야기로 가장의 힘을 보여주고 싶으셨을까. 할아버지의 말씀은 점점 길어졌다. 하지만 긴 이야기에 진저리를 내던 것도 잠시, 얼마 지나지 않아 말씀이 적어지셨다. 이후 먼 산을 바라보거나 마당 옆 커다란 참나무를 올려다보며 눈을 훔치곤 하셨는데 늙는 게 서러우셨을까. 어린 나는 눈병이 나신 줄 알았다. 서서히 겨울이 오고 있었다. 그렇다고 식구들이 할아버지를 무시하거나 소홀히 대한 것은 아니었다. 사랑채에 손님이라도 들면 술상도 반듯하게 차려냈고 자식들도 깍듯했다.

　참나무도 은행나무도 아까시나무도 모두 알몸이 되었다. 숲은 회갈색 얼굴을 한 채 차갑게 굳어있었다. 전깃줄은 밤이면 기괴한 소리로 울어댔다. 윗마을 저수지는 쩡하고 얼음 터지는 소리를 토해냈다. 잠을 잘 때면 웅크린 몸이 더 오그라들었다. 겨울이 깊숙이 들어와 있었다. 그해 겨울은 눈이 잦았다. 세상이 하얗게 변해 있었다.

작은아버지는 읍내 정류장에서 가게를 하셨다. 할아버지는 장날이면 이발을 할 겸 읍내에 가시곤 했는데 그때마다 술을 자셨다. 대취하면 작은 아들네 가게에서 주무셨다. 그럴 때면 작은아버지는 꼭 동네로 가는 사람에게 아버님이 아들네에서 주무시고 간다는 기별을 하였다. 전화가 없던 시절이었다. 그런데 그날은 기별도 없고 늦은 시간인데도 돌아오지 않으셨다. 낮에 내리던 싸락눈이 어느새 함박눈으로 변해 있었다.

눈은 하염없이 내리고 짧은 해에 날이 저물어 어느새 밤이 되었다. 그런데도 할아버지는 돌아오지 않으셨다. 식구들은 초조했다. 고모와 내가 나가보았다. 개 짖는 소리가 들리고 동구 밖에 멀리 사람이 보였다. 아무리 보아도 할아버지 걸음새는 아니었다. 막차에서 내려 동네로 돌아오는 윗마을 아저씨였다. 여쭤보니 기별도 없었고 가게에는 작은아버지 혼자였단다. 그렇다면 술을 드시고 돌아오는 길에 실종되신 게 분명했다. 큰일이었다. 날은 춥고 여전히 눈발이 날리고 있었다.

식구들이 모두 나섰다. 나도 할아버지를 부르며 읍내 길을 되짚어갔다. 얼마나 걸었을까. 한참 만에 큰길에서 동네로 들어오는 길, 깊은 두렁에 할아버지가 쓰러져 계신 것을 아버지가 발견했다. 온통 눈 세상이라 길을 잘못 짚어 빠지신 것이었다. 몇 차례 나오려고 애를 쓰셨겠지만 술기운에 허사였다. 차려입고 계셨던 흰 두루마기는 눈처럼 보였다. 길 지나던 사람 눈에 띄지 않은 이유였다. 아버지는 할아버지를 업고 집으로 내달았다. 사랑채에 이불을 펴고 몸을 주무르고 더운물로 얼굴과 발을 씻겨드렸다.

이 일이 있고 나서 할아버지는 그나마 남아있던 가장의 권위가 더 손상되고 힘을 잃으셨지 싶다. 수척해진 몸에 더욱 말수가 적어지셨다. 유난히 길고 추웠던 그해 겨울은 가족에게 잊을 수 없는 계절이 되었다. 할아버지에게도 인생의 겨울이 되고 말았다. 그리고 몇 해 뒤 물꼬를 정리하다 쓰러져 영영 돌아오지 못할 곳으로 가셨다.

결국, 가장의 마지막 자존심을 농사일로 지키셨던 것이다.

지난번 할아버지 기제사 때였다. 고모를 비롯해 식구들이 말씀하셨다.

"아버지는 열심히 일만 하시다 돌아가셨어. 참 선하게 사셨는데"

남자는 일로 가족을 사랑한다. 돌아가신 지 언 사십여 년, 겨울지나 봄이 오듯 할아버지의 겨울은 남은 가족에게 그리움을 남겼다. 새싹처럼 그리움으로 되살아나는 할아버지는 진정 힘 있는 가장이셨다. 오늘따라 먼 산 바라보며 말없이 눈물 훔치시던 할아버지가 마냥 그립다.

2016년 겨울

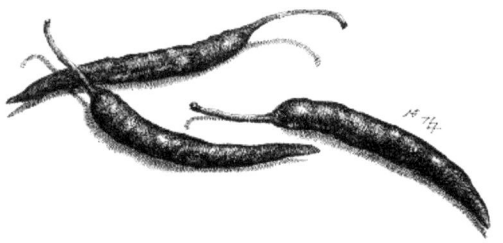

낙원상가 아래 낙원

　　인사동을 찾아 몇 군데 전시를 보고 나니 출출하다. 낙원상가 아래를 걷다 국밥집이 보이기에 들렀다. 주문하니 5분도 안 되어 깍두기와 국, 그리고 밥 한 그릇이 나온다. 상 위에는 기본으로 놓인 왕소금과 고춧가루가 그릇에 그득하다. 그래, 싱겁게 살다가는 훅 가는 세상이다. 맵고 짜게라도 먹으라는 뜻일까.

　　밥을 말았다. 간을 더하지 않았는데 조금 짜다. 하지만 어르신들 입엔 맞지 싶다. 뒷좌석 노인이 막걸리 한 잔을 사서 드신다. 가치담배 팔 듯 여기선 술도 잔으로 파는가 보다. 나도 한 잔을 청했다. 철철 넘치도록 따라준다. 한잔 들이켜고 깍두기를 입에 넣으니, 식초가 따로 없다. 그런데 묘하게 낯설지 않다. 어릴 적 장터에서 보았던 맛이다.

　뚝딱 비우고 계산하니 국밥 이천 원, 막걸리 천원 모두 삼천 원이다. 낙원상가 아래 우리가 찾던 낙원이 버젓이 있었다. 커피를 마시려니 아무래도 밥값보다 비싸다. 이건 아니다 싶어 조계사 경내 카페 '가피'로 발길을 옮긴다. 그곳에서 파는 천 원짜리 커피가 생각나서다.

2019년 가을

쓱 SSG

얼마 전 티브이에서 이색적인 광고를 보았다. 아내가 남편에게 당신 영어 잘하는데 SSG를 어떻게 읽느냐고 묻는 내용이었다. 그러자 남편이 한 마디로 '쓱'하고 차갑게 대답하는 장면이었다. 모 쇼핑몰 선전이었는데 '쓱' 뭐든지 쉽게 살 수 있고 배달도 '쓱' 편하게 해준다는 것이 주제였다.

'쓱'은 국어사전에 보면 넌지시 말을 건네거나 행동하는 모양을 나타내는 말. 슬쩍 문지르거나 비비는 모양을 나타내는 말. 또는 그 소리를 나타내는 말. 척 내달아 나서거나 빨리 지나가는 모양을 나타내는 말 등으로 설명해 놓았다 즉 '쓱'이란 말에는 넌지시, 슬쩍, 척이란 분위기가 내포되어 있다. 뭐든 적당히 편하게 할 수 있다는 뉘앙스가 풍긴다.

　그림을 그리다 체력이 달리거나 진도가 부진할 때 쓱 그리는 방법은 없을까 생각할 때가 한두 번이 아니다, 그리고 싶은 그 어떤 미완의 대상들은 머릿속에 쇠파리처럼 윙윙거릴 때가 많은데, 눈앞에 드러나는 작품은 1년에 몇 점 아니 되니 말이다. 더군다나 주로 점으로 하는 작업을 즐기는 나로서는 면을 큰 붓으로 발라 질감을 나타내거나 선묘로 쉽게 정리하고 싶을 때가 많다. 하지만 세상에 녹록한 것이 하나도 없다는 생각을 표현하는데 점만 한 것이 없었다. 그러니 점으로 하는 작업을 포기할 수가 없는 것이다.

　점은 혼자서는 존재감이 드러나지 않지만 서로 연대하면 전깃줄도 되고 벽도 된다. 벽돌 쌓듯 하나하나 축적해야 모습이 나오고 질감도 드러나며 구성 또한 단단해진다. 그런 데다 아무리 어둡고 슬픈 장면도 기본적으로 부드럽고 따뜻하게 치환하는 능력이 있다. 그런 점이 내가 점을 고집하는 이유다.

하지만 그림을 그리다 세월이 한없이 소요될 때는 슬며시 "쓱" 하는 심리가 발동하는 것이다. 그런데 정성 없이 흩뿌리듯 무심한 점에서는 깊은 그 느낌이 안 나왔다. 손끝에서 하나하나 정성스럽게 탄생한 점만이 화폭을 따듯하게 어루만져 주는 것이었다.

'쓱' 사고 '쓱' 받은 물건에 과연 얼마나 정이 갈까. 버리기도 쉽고 잊히기도 쉬운 물건일 것이다. 또 쉽게 '쓱' 사면 되니 말이다. 간절히 원하고 푼돈을 모아 밤잠

다마스 자동차가 보이는 풍경, 70X45cm, 한지 먹 채색, 2014년

을 설치며 장날이 빨리 오기를 기다려 산 누님의 꽃신만큼 좋을까.

그림도 그와 같지 싶다. 고민 없이 뭐든 보여주고 싶은 마음에 '쓱' 그린 것은 영락없이 감동이 없으니 말이다. 아무리 쉽고 편한 세상이지만 '쓱'으로 안 되는 것이 있다는 것이다. 그림 그리는 이 순간 그 사실이 참으로 고맙다.

2016년 가을

사랑하는 당신에게

　　어디서부터 무슨 말을 해야 할지. 황혼이혼이 유행이라지만 이 말을 하기까지 무척 힘이 들었소. 우리 이제 헤어져야 할 때가 된 것 같소. 이 일로 아이들과 가족에게 닥칠 어려움이 얼마나 큰지. 하지만 결심했어요. 헤어지는 마당에 큰 용기가 필요했다는 것을 말하는 나 자신이 우습구려.

　　부모님을 비롯한 주변 사람들은 일찌감치 당신 칭찬을 하곤 했죠. 그대를 무척 좋아했어요. 덕분에 나는 용기를 내어 당신을 사귀고 사랑할 수 있었죠. 처음 당신을 품에 안던 날, 얼마나 가슴이 떨리고 설렜는지. 세상을 다 얻은 듯했어요. 그 뒤 무던히도 열심히 살았습니다. 새벽 출근에 점심을 거르기도 하고, 밤잠을 설친 때가 어디 한두 번이었던가요. 그래도 힘들지 않았습니다. 어떤 때는 멀리 길을 갔다가 폭설로 아찔한 순간을 맞기도 했었죠. 지금도 그때를 생각하면 소름이 돋습니다. 그대 몸을 어루만지며 보듬던 밤에는 기분에 취해 술도 한잔했던 기억. 세월이 흐르고 사랑도 무르익어 행복하고 모든 것이 풍요로웠죠.

그러나 행복도 잠시. 어디서부터 잘 못 된 것인지. 그대가 결별을 선언했을 때 세상의 끝을 보는 듯했어요. 모든 것이 힘들었습니다. 경제적 어려움으로 살던 집이 경매에 넘겨지기도 했었죠. 그래도 당신에 대한 사랑을 믿었습니다. 하지만 멀리 떠나버린 당신. 퀭한 눈을 하고 찾아 헤맸던 수많은 시간. 정성을 다했습니다. 친구도 멀리했고 좋아하는 그림 그리기, 글쓰기 등 모든 것을 접었습니다. 오로지 당신만을 위해 살았죠. 휴일은 잊은 지 오래였습니다. 그 덕일까요. 십여 년의 세월이 흐르고 당신은 다시 내 품에 안겼습니다. 아주 조그만 여유와 행복도 찾았습니다. 어쩌면 지난 세월이 힘들었기에 그리 느끼는 것인지도 모릅니다.

아이들도 크고, 긴장이 풀려서일까. 얼마 전부터 당신에 대한 사랑이 조금씩 식기 시작했어요. 당신보다 다시 그림 그리기, 글쓰기가 좋아졌어요. 생각 없이 거니는 것이 즐겁고 들에 핀 꽃이 아름답게 다가오네요. 당신을 보듬거나 헤아려 보는 일도 흥이 나지 않는 나를 봅니다. 이것은 사랑이 아닙니다. 꼼꼼하게 해오던 당신에 대한 사랑 메모, 그대를 향한 일기 쓰기도 이제 멈춘 지 오래입니다.

당신에게 이별을 고합니다.
그동안 당신에게 쏟았던 사랑, 정성, 열정을 다른 곳에 썼다면 무엇이든 일가를 이루지 않았을까. 지나 보니 당신은 나의 사랑만 요구했지 베푸는 데에는 인색했어요. 그대는 나를 만나기 전부터 많은 사람의 시선을 한 몸에 받았죠. 그들은 지금도 당신을 흠모합니다. 당신은 그걸 즐기는 것 같아요. 가끔 나에게 보내 주는 작은 미소만으로도 행복이라 믿으며 참았어요. 하지만 아니었습니다. 당신을 맘껏 품지 못하는 나는 아주 작은 존재였습니다. 그래서 늘 괴로웠죠. 이젠 벗어나고 싶네요.

주변에선 극구 말립니다. 헤어지면 다시는 만나기 힘들다고. 고생스러울 거라고. 하지만 내가 두려워하는 건 그대만 생각하다가 하고 싶은 일도 못 해 보고 사라지는 삶입니다. 누가 뭐래도 당신과 헤어질 겁니다. 하지만 당신을 사랑하지 않는 것은 아니랍니다. 더 당신의 굴레 속에 있고 싶지 않을 뿐이지요. 40여 년이면 서로 사랑하며 살 만큼 산 것 아닐까요? 헤어져도 완전히 잊고 살지는 맙시다. 잊히는 것이 가장 슬픈 일이라 하더군요.

머리도 희끗희끗해지고 몸도 예전 같지 않아요. 당신에게 쏟았던 열정을 이제 그만 거두고 싶네요.

'진정한 나를 찾고 싶다.'

이 한마디가 진심입니다. 헤어짐은 누구에게나 오는 법, 너무 슬퍼하지 맙시다. 마지막으로 당신 이름을 조용히 불러 봅니다.

"안녕! 돈 많이 money"

2014 봄

부처님 오신 다음 날

불자는 아니지만, 가끔 조계사를 찾는다.

인사동 근처. 약속까지 시간이 좀 남았다. 점심때 먹은 짜장면 때문인지 커피가 마시고 싶다. 전문점 커피는 비싼 데다 부산한 실내도 부담스럽다. 그렇다고 들고 다니며 마시는 커피는 시간을 녹여내는 맛이 없어 싫다. 트인 공간, 나무 그늘에 앉아 맛보던 경내 카페 '가피'의 1,000원짜리 커피가 생각났다.

일주문을 들어서자 연등이 하늘을 덮고 있다. 어제가 부처님 오신 날이다. 사과가 있어 사과 맛을 알듯 부처님이 오셔서 비로소 부처를 안다. 어쩜 태어난다는 것은 세상과 대적하는 일인지도 모른다. 세상과 맞장 뜨다 지친 영혼들일까. 분홍, 노랑, 빨강. 녹색, 색색으로 멍든 가슴마다 꼬리표가 달려 있다. 염원이 담겨서인가 등이 무거워 보인다. 주렁주렁 연등이 매달린 줄을 커다란 적송 몇 그루가 힘차게 당기고 있다. 붉고 굵은 몸통이 흡사, 사천왕이다.

 카페 '가피'는 문이 닫혀있다. 세상은 늘 그렇다. 원하는 것은 기다려주는 친절을 베풀지 않는다. 커피 자판기가 보인다. 1,000원짜리 지폐를 넣자 종류별로 불이 들어온다. 달달한 밀크커피를 고른다. 희뿌연 갈색 액체. 반환 레버를 돌리자 500원짜리 한 개와 100원짜리 동전 두 개가 요란한 소리를 내며 굴러 나온다. 커피 한 잔에 동전이 세 닢. 하나로 넷을 얻는다. 못난 중생에겐 이런 것도 부처님의 가피 같다. 그래서 살만하다.

 나무 벤치에 앉는다. 대웅전 열린 문 사이로 커다란 부처님 모습이 보이고 마당에는 몇몇 불자들이 합장으로 예를 올리고 있다. 가부좌한 부처님 무릎 앞에 보살 한 분이 승복을 입고 서 있다. 등이 굽은 늙은 보살은 옷고름을 여미더니 무너져 내리는 꽃잎처럼 풀썩 주저앉는다.

지친 몸을 부처님에게 맡기니 편안해진 것일까? 안식이다. 적멸이다.

　　만수향이 그윽하다. 나무 그늘 밑 벤치에 사람들이 머물러 있다. 생각에 잠긴 사람. 소곤소곤 전화하는 이, 어깨를 맞대고 앉아 있는 연인. 몇몇은 웃으며 대화를 나누고 있다. 연등 사이로 싱그러운 하늘이 보인다. 화창한 햇살. 부드러운 바람결. 어제의 번잡을 벗어나 모든 인연이 평화롭다. 커피를 마신다. 읽으려던 시집을 조용히 덮는다. 무념이다. 무상이다. 공이다. 잠깐 부처가 된다.

2015년 봄

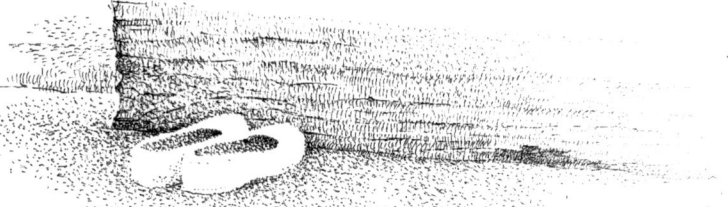

고양이처럼 출근하기

　새벽 5시, 살그머니 일어나 조심스럽게 방문을 열고 주방으로 나간다. 길 건너 교회 LED 불빛이 차갑게 마루를 비춘다. 스위치를 켜자 천장에 매달린 둥근 한지 등이 몽롱하게 깨어난다. 바깥 날씨가 무척 차가운가 보다. 불빛이 잔뜩 움츠리고 있다.

　부엌은 늘 정갈하다. 잘 짜놓은 하얀 행주, 가스레인지 위에 놓인 국 냄비와 찌개 그릇, 식기 건조대에 가지런히 담겨있는 말끔한 접시와 사발들이 불빛에 반짝인다. 몇 해 전부터 잘 닫히지 않는 싱크대 문짝 하나만 반듯하게 잘린 투명 테이프가 붙들고 있다. 마치 허술한 나를 붙잡고 있는 아내처럼.

밥솥에 쌀을 안친다. 어제 아내가 씻어 놓은 쌀이다. 흰 쌀 위에 서리태. 흑진주처럼 윤이 난다. 전기 코드를 꽂고 밥솥 스위치를 누른다. 세면하고 주방으로 돌아오면 여지없이 밥솥 스위치가 '탁' 소리를 내며 튕겨 오른다. 빤히 알면서도 매번 놀란다. 이때쯤이면 한지 등도 화색이 돈다. 뜸 드는 틈을 이용해 소리 나지 않게 상을 차린다. 아내가 정성스레 만들어 놓은 찬이다. 밥솥을 연다. 구수한 밥 냄새. 고향 냄새다. 밥을 푼다. 어머니도 아내도 이 순간을 가장 행복하게 느끼지 않았을까. 가족의 입에 들어갈 밥은 사랑이다. 밥주걱으로 밥을 쓰다듬으며 사랑을 담는 모습은 성스럽기까지 하다. 조용히 식사를 마치고 찬그릇은 냉장고에, 찌개 그릇은 레인지 위에, 빈 그릇은 개수대에 살며시 넣고 출근을 서두른다.

언제부터일까. 새벽밥을 차려 먹은 것이. 아이들이 학교를 졸업하자 나 홀로 새벽 출근을 하게 되었다. 아마 그때쯤 내가 우겨서 시작한 일이지 싶다. 아내는 시집와서 늘 새벽밥을 차렸다. 잠이 많았던 나는 새벽에 일어나 밥 차리는 아내가 안쓰러웠다. 애들도 점심이건 저녁이건 즉시 지은 밥을 챙겨 먹였다. 전기밥솥을 사다 줬지만, 예

약 취사나 보온을 거의 쓰지 않았다. 절밥처럼 알맞게 지어서 깨끗이 비웠다. 한꺼번에 해놓은 밥은 보온이 되어 있어도 밥 기운이 사라진다는 지론이었다. 그래서일까, 밥을 잘 먹여주었기 때문인지 아이들은 병치레가 거의 없었다.

살림이 넉넉한 적이 없었다. 가슴이 늘 미안한 마음으로 소금가마처럼 젖어 있었다. 그래서일까 내 딴에는 아내를 위한다며 새벽밥을 차려 먹는 것이다. 반대하던 아내는 결국 내 말을 들어주었다. 그렇다고 편히 잠을 자기나 할까? 누워있어도 함께 깨어난 것을. 하지만 난, 이 생활이 좋다. 다른 것은 못 해줘도 이건 내가 할 수 있는 일이니. 못 이기는 척 남편의 작은 자존심을 세워주는 아내가 고맙다.

문을 살며시 열고 고양이처럼 집을 나선다. 이 시간의 새벽 공기는 늘 상쾌하다. 내 기분도 상쾌하다.

2014년 봄

새벽출근, 70X45cm, 한지 먹 채색, 2015년

취해야 사는 남자

　종합병원은 언제나 만원이다. 번호표를 뽑고 순서를 기다리는 사람, 진료카드를 들고 의사를 찾아 나선 사람, 이름을 부르는 간호사. 음료수 상자를 든 면회객, 링거액 거치대를 밀며 이동하는 환자. 복도며 계단, 엘리베이터까지도 출근길 지하철처럼 붐볐다. 저 많은 사람이 모두 아픈 일과 관계가 있단 말인가. 하긴 전쟁터 같은 세상을 살다 보면 말짱한 게 이상한 일이다.

　작년 말, 술자리가 끊임없이 이어졌다. 일찌감치 자리를 편 동창회를 시작으로 각종 친목 모임, 그리고 많은 친구. 사람 만나기를 좋아하고 거절을 잘 못 하는 나는 결국 술에 절어 살았다. 마지막 지하철을 놓치거나 겨우 타고도 내릴 정류장을 지나치기 일쑤였다. 졸다가도 내릴 곳이 되면 용수철처럼 튕겨 나오던 몸이었다. 나이 탓일까. 너무 팽팽하게 긴장하면서 산 세월에 대한 반발일까. 이젠 탄력 잃은 스프링을 닮았다. 그러게 술은 왜 마시냐고 묻지만, 남자들 술 마시는 이유에는 답이 없다. 답이 너무 많으면 답이 아니다. 강행군 탓인지 뱃속이 수상했다.

진료안내서에 적힌 순서에 따라 걸음을 옮겼다. 건강검진을 겸하고 있어 검사실을 전전하다 마침내 대장내시경 전문병동 제3 내과에서 걸음을 멈췄다. 탈의실에서 엉덩이 부분이 둥글게 뚫린 옷으로 갈아입고 순서를 기다렸다. 멍한 표정의 중년 사내가 탈의실 문을 열고 들어섰다. 거무죽죽한 얼굴에 동공이 풀린 것이 영락없이 한잔 했을 때 모습이다. 비틀거리며 내 앞으로 쓰러지는 걸 가까스로 부축해 의자에 앉혔다. 회복실에서 방금 나온 환자였다.

"속이 안 조아 내시갱 보고 난는데, 거 디게 어지럽네."

혀 꼬인 말을 하더니 쉬려는 듯 눈을 감고 고개를 숙

였다. 마취약을 못 이기는 것을 보니 아마도 잦은 음주로 속이 허해졌을까. 문득 9년 전 내 모습이 떠올랐다.

서른에 가정을 꾸린 나는 열심히 산 덕인지 나름 조그만 사업도 자리를 잡았다. 하지만 외환위기로 경기가 얼어붙자 하던 일이 빚을 남긴 채 무너졌다. 마흔 즈음이었다. 모든 것을 새로 시작해야 했다. 한 푼이 아쉬운 나에게 휴일은 사치였다.

새벽 출근에 늦은 퇴근, 외줄타기처럼 십여 년을 버텼다. 부족한 수면과 체력의 한계, 심적인 중압감으로 몸은 자꾸 말라만 갔다. 잦은 설사와 변비. 병원을 찾았다. 의사의 처방에 따라 뱃속을 청소하고 다시 찾은 병원에서는 마취 주사를 맞은 기억뿐이었다. 그동안 맺혔던 응어리였을까. 커다란 용종 세 개를 떼어낸 나는 회복실에서 깨어난 후 다시 쓰러졌다. 겨우 일어나 탈의실을 찾으니, 창밖에는 어둠이 내려 있었다.

남자는 태생적으로 사냥꾼이다. 뭐든 잡아야 살 수 있다. 하지만 사냥은 쉽지 않아 늘 배가 고프다. 배고픈 사냥꾼은 이런저런 이유로 술을 찾는다. 능력이 부족한 것을 탓하기도 하고 최선을 다하지 못한 것을 후회하기도 하며 따르지 않는 운 핑계도 댄다. 어쩜 사내들에게 술은 사냥을 위한 제주인지도 모른다. 내일의 사냥을 위해 한 잔, 결과에 한 잔. 그래서일까. 술꾼에게 축배와 고배는 일상이 된 지 오래다.

옷도 갈아입지 못한 채 쉬고 있는 사내의 얼굴을 들여다보았다. 눈가의 잔주름, 햇볕에 그을린 목덜미, 삐죽삐죽 비집고 나오는 흰 머리카락. 동굴 같은 건물 속에 있기보다는 나처럼 들로, 산으로 사냥하러 다닌 모습이다. 힘든 사냥 때문이리라. 지쳐 보였다. 남자가 겨우 몸을 추스르더니 옷을 갈아입고 나갔다. 문밖에서 아내인지 여자 목소리가 들렸다.

"오래 살려면 술 좀 작작 먹어요. 작작!"
"알았다카이. 내 이제 끈는다. 끄너! "

어쩜 저렇게 사내들은 한결같은 대답을 할까. 그래 끊어보자. 아니 줄여보자. 하지만 세상으로부터 받은 강

박을 술술 녹여주는 술의 마력을 알아버린 사내들에게 이 말은 공염불이지 싶다.

내 차례인가 보다. 간호사가 나를 불렀다. 검사를 마친 후 약에 취해 있던 나도 한참 만에 정신을 차리고 진료실을 찾았다. 의사는 크기가 4밀리 정도 되는 용종 여섯 개를 처리했다며 뱃속 동영상을 보여줬다. 전에 비해 크기는 작았지만 수는 더 늘어나 있었다. 마치 내 고단한 삶의 투시도를 보는 듯했다.

마취약에 취한 덕분에 죽음의 요소를 찾아내고 제거도 했으니 이래저래 남자는 취해야 사는 모양이다.

2015년 2월

수인 257번

멋모르고 저지른 죄였다. 가슴이 답답할 때 글을 썼다. 그냥 가지고 있어야 할 글을 이 동네 저 동네 뿌린 게 화근이었다. 결국, 나는 스스로 체포되어 글 감옥에 갇히고 말았다. 맞춤법을 어기고 띄어쓰기를 제대로 하지 않은 죄. 거기에 수준 낮은 사유와 자기 자랑 투의 어법, 세상 고민은 혼자 다 한 듯한 넋두리 등. 죄목이 수두룩했다. 현행범이라 영장도 없었다.

이상한 감옥이었다. 육체적 구속은 물론 정해진 형량도 없었다. 자율이란 크고 높은 벽이 둘려 있을 뿐. 수감자들은 대부분 스스로 잡혀 온 사람들이었다. 그래선지 감옥생활을 즐긴다고나 할까. 행복해 보였다. 그런데도 누구나 출소를 염원했다. 출소란 글로 세상을 주유하는 것이었다. 결국, 어느 수준의 글 실력이 필요했는데 타인의 혹독한 평가와 냉정한 자기검열이 따랐다. 들어오긴 쉬어도 나가기 어려운 곳이었다.

감옥생활은 생각보다 자유로웠다. 사회적응을 위해 글을 써내는 과제를 줬는데 안 한다고 뭐라는 사람은 없었다. 살아온 이야기를 반성문처럼 쓰거나 주변의 일을 적당히 기록하며 지냈다. 실은 그게 문제였다. 세상일이 그러하듯 대충하다 보니 글 실력이 늘지 않았다. 그만큼 형기가 늘어났는데 이것이 무서운 벌이었다.

빠른 출소를 위해 수감자들은 일주일 혹은 한두 달에 한 번 모여 그동안 쓴 글을 서로 평가했다. 글 기본이 되어있지 않으면 면박을 받거나 싸늘한 시선을 감내해야 했다. 미소 띤 얼굴에 예의를 갖춰 점잖게 지적을 하지만 평가는 냉혹했다.

고치고 또 고쳐 썼다. 구성을 바꾸기도 하고 수식어, 조사, 부사, 맞춤법에 띄어쓰기까지. 200번은 넘지 싶었다. 그 덕인지 그리 나쁜 평가를 받진 않았다. 몇 차례나

고쳤냐는 말에 언 듯 257번이란 말이 튀어나왔다. 그 일로 나는 '이오칠'이란 별명을 얻었다. 별명은 '열심'이라는 의미로 다가왔고 싫지가 않았다. 그날 이후 나는 스스로 257번 수인이 되었다.

글 감옥은 거대해서 다른 곳에도 수감자들이 많았다. 우리 '수필'동 근처에 '시'동이 있는데 그곳 수감자와 이야기를 나눈 적이 있었다. 긴 수염에 꽁지머리를 한 그는 주로 독방에 갇혀 있었는데 대화나 소통에는 관심이 없는지 그의 시는 선문답처럼 어려웠다. 우리 뒤쪽에 있는 '소설' 동에는 주로 어설픈 거짓말 때문에 갇힌 사람들로 항상 붐볐다.

모든 것이 자율이었지만 글을 심사하는 곳이 있었다. 공개심사를 통과하면 감옥에서 출간하는 정기간행물에 글이 실리곤 했다. 하지만 출소를 보장받는 것은 아니었다. 공개강좌도 여러 군데 있었는데 험난한 글 세상에서 살아남는 방법을 가르쳤다. 선생님은 대부분 글로 자기 세계를 구축한 분들로 선망의 대상이었다.

가끔 자신의 글이 주례사 같은 평론이나 인사성 칭찬을 들으면 들떠서 출소를 기다리느니 탈옥을 하겠다는 사람도 있었다. 하지만 며칠이 지나면 다시 잠잠해졌다. 그 정도 실력으론 나간다 해도 인정받고 살아갈 길이 막막했기 때문이었다.

답답했다. 이곳을 나가기가 이리도 어렵단 말인가. 방법이 있긴 있었다. 글을 쓰지 않으면 되었다. 하지만 이는 나에게 밥만 먹고 살라는 것과 같았다. 그렇다면 실력이라도 뛰어나야 할 텐데 그도 어려운 일이었다.

어느 날 출소한 분이 면회를 왔다. 출소한 사실만으로도 존경받는 그분이 내게 말씀하셨다.

"밖은 더 큰 감옥이야. 날개 없인 살기 힘든 곳이지."
"날개라니요?"
"생각에 날개를 달 수 있어야 해."

점점 어려운 말씀을 하셨다. 짧은 시간에 쫓긴 나는 단도직입적으로 물었다.

"그렇다면 날개는 어떻게 달죠?"

"많이 읽고 많이 써야지. 끝없이 사색하고. 자신만의 세상 보는 눈을 키워야 해. 그다음 갈고닦은 글솜씨로 날개를 다는 거야."

난 그날 이후 글이 칭찬받는 날이면 꿈결처럼 몸이 둥둥 떠올랐다. 겨드랑이에 날개가 솟아 하늘을 나는 느낌이었다. 속 비치는 날개를 달고 바람처럼 나는 잠자리나 고운 꽃가루를 묻히고 화려한 날갯짓을 하는 나비가 이런 기분일까. 튼튼한 날개에 예리한 눈을 가지고 높이 나는 독수리야말로 이런 기분일 거야. 그래, 날개를 달고 훨훨 높은 담장을 넘어 더 넓은 세상으로 날아가는 거야.

책상 위에는 밤새도록 쓰고 지운 A4용지가 여러 장 쌓여있었다. 이중 삼중으로 고치고 써넣은 빨간 글씨. 검정 펜으로 다시 덧댄 메모. 볼펜. 어질러진 안경과 커피잔. 프린터에는 인쇄된 종이가 매 맞은 개구리 혓바닥처럼 나와 있었다. 잠에서 깬 나는 마우스를 클릭했다. 잠자던 모니터가 환해지더니 '오전 02:10'이란 글자가 눈에 들어왔다. 화면에는 애벌레처럼 누워있는 글자들 사이에 죽비처럼 생긴 막대 커서가 가쁜 숨을 몰아쉬고 있었다. 졸린 눈을 비비고 본 마지막 문장은 이렇게 쓰여 있었다.

'257번 수인은 오늘도 탈옥을 꿈꾼다.'

2013년 겨울

겨울나무

겨울나무는 서 있는 것만으로도 감동이다. 살면서 설 자리를 찾는다는 것과 다시 그 자리에 서 있을 수 있다는 것. 이 모두 얼마나 어려운 일인가? 하물며 그 자리에서 일가를 이룬 나무는 보는 것만으로도 큰 기쁨이다.

상처를 입을망정 거짓된 삶은 애당초 없었다. 허공을 향해 무모하리만치 자신의 존재를 알리려 애쓸 뿐. 뻗은 가지마다 세월이 맺혀 있다. 위로 가려다 막히면 내려가고 꺾이면 잠시 멈추고 다시 곁가지를 뻗었다. 하지만 어느 구석에도 힘이 실리지 않은 곳이 없었다.

2008년 겨울

칼을 든 손과 꽃을 든 손

오리는 목이 잘려있다. 나는 식칼을 연마봉에 간다. 새벽, 허공을 썰어내는 금속성 마찰음. 그림자가 스테인리스 작업대 위에 어른거린다.

배를 가른다. 연한 아랫배부터 딱딱한 목까지 쫘악! 쇄골이 뚝 끊어진다. 배를 제치자 퍽 수박 쪼개지는 소리가 난다.

1차 작업을 거쳐 온 뱃속은 비교적 깨끗하다. 등 쪽 좌우로 붙어있는 선홍빛 폐. 그 위로 미처 제거하지 않은 심장이 대추처럼 혈관에 매달려 있다. 위를 비롯해 대장이며 소장, 간, 지라, 콩팥은 제거되고 없다. 가늘고 긴 목에 식도가 납작하게 붙어있고 그 위로 투명한 플라스틱

대명리 가는 길, 53X45cm, 한지 먹 채색, 2009년

주름관 닮은 기도가 지나가고 있다. 손으로 심장을 떼어낸다. 식도와 기도도 잡아당겨 제거한다. 허파를 들어내자 장갑 낀 손이 붉게 피로 물든다. 몸속이 텅 비어있다.

칼을 바꾼다. 한 뼘쯤 되는 뼈칼은 서슬이 퍼렇다. 칼이 늑골 사이를 파고들자 가슴살이 힘없이 떨어진다. 가슴살을 등 뒤로 접어 잡는다. 순간 기다렸다는 듯이 등뼈와 가죽 사이를 관통한 칼은 등줄기를 타고 목덜미까지 미끄러져 나간다. 붉은 긴 목이 공중에서 흔들거린다. 목뼈를 잡아당기자 등가죽이 벗겨진다. 엉덩이를 잘라낸다. 뼈와 살은 이제 한 몸이 아니다.

살덩이가 작업대 위에 툭 떨어진다. 발목을 잡고 다리 관절에 칼을 대자 정강이뼈와 종아리뼈가 분리된다. 다리뼈에 이어 날개뼈도 발라낸다. 발골 작업은 저녁 무렵까지 이어진다.

나는 매일 오리 백여 수의 배를 가른다. 축사를 지어 생명을 기르고 죽여 팔아온 지도 십여 년. 내가 살기 위해 내가 죽인 생명체들! 산다는 건 누군가를 죽이는 일인 것일까?

퇴근길, 시장에 들른다. 생선가게 아주머니의 칼 놀림을 본다. 짧은 창칼로 지느러미를 떼어내고 내장을 발라내고 회를 뜬다. 명태나 아귀 등 큰 고기 몸통을 자를 때에도 손바닥처럼 생긴 무쇠 칼을 공깃돌 다루듯 한다. 손질이 끝나자 통나무 도마에 칼을 꽂고 정리된 어물을 비닐봉지에 담아내는 모습은 막힘이 없다. 고수다.

전시회를 앞둔 나는 집에 돌아와 피 묻혔던 손을 씻고 그림을 그린다. 온갖 아름다움을 상상하면서. 생선가게 아주머니도 집에 가서 비린내 나는 손을 비누칠해서 닦고 예쁜 손녀를 안아 줄 것이다.

인간은 두 개의 손을 가지고 있다. 왼손과 오른손이 아니라 죽이는 손과 살리는 손. 칼을 든 손과 꽃을 든 손이다.

2013년

그래
감추고 싶었던 것은
고추가 아니었어

내 백일 사진을 보았다. 고추를 내놓은 채 웃고 있다.

국민학교 시절. 문수산 자락 시골 학교에는 봄 햇살이 가득 차 있었다. 체육 시간, 선생님의 호각 소리에 맞춰 한 명씩 뜀틀을 뛰어넘었다. 이번에는 구르기였다. 선생님께서 동작을 도와주셨다. 내 차례였다. 떨렸지만 달려와 발을 굴렀다. 그런데 발이 머리 위로 솟구치지 않았다. 선생님이 나를 잡아 넘겨주셨다. 순간 바지가 벗겨지고 말았다. 평소에도 고무줄이 헐렁해 잘 내려오던 바지였다. 잽싸게 바지춤을 올렸다. 아이들 웃음소리. 혜자,

영숙이도 봤을 텐데. 선생님의 너털웃음 소리. 잘 나가던 시골 학교 반장의 수모였다.

삼촌이 장가를 갔다. 강화에서 시집온 작은어머니는 살결도 곱고 말씨도 사근사근했다. 향긋한 분 냄새. 예쁜 한복 위에 두른 행주치마는 쌀가루처럼 희고 고왔다. 나는 작은 엄마가 마냥 좋았다.

숨바꼭질 놀이를 했다. 술래가 열까지 세는 동안 어디든 숨어야 했다. 난 건택이네 뒷간으로 들어갔다. 컴컴하고 냄새가 났지만 참았다. 잿더미 뒤로 늘어진 가마니 자락. 그 뒤에 숨으면 못 찾을 듯싶었다. 가마니를 들추고 발을 디뎠는데 아뿔싸. 그곳은 똥통이었다. 나는 두 발이 빠졌고 이내 울면서 기어 나왔다. 집으로 가는 동안 구린내는 울음소리를 타고 온 동네로 퍼져나갔다. 달려 나오신 어머니는 재빨리 나를 우물가로 데려갔다. 큐피드처럼 발가벗겨진 나를 씻겨준 것은 작은어머니였다. 코를 찡그렸지만 연신 입가에 웃음을 머금고 계셨다. 아이들은 담 위로 조롱박처럼 고개를 내밀고 키득거렸다. 창피했다. 그런데 더 속상한 것은 작은 엄마에게 고추를 보인

사실이었다.

　　서울로 전학을 했다. 농사를 지으시던 아버지께서 마련한 집은 동교동의 판잣집이었다. 루핑이나 함석 조각으로 된 지붕에는 돌이나 벽돌이 올려져 있었다. 방 하나를 합판으로 막아 또 방을 만들었다. 비슷비슷한 집들 앞에는 기찻길이 있었다. 기차가 지나갈 때면 지진이 난 것처럼 집이 흔들렸다. '기찻길 옆 오막살이'가 바로 우리 집이었다.

　　가난 때문이었을까. 판자촌에서는 하루가 멀게 싸움이 일어나고 아이들 울음소리로 지새는 날이 많았다. 그때 마침 소란스럽게 기차가 지나가면 아기 울음이 멎거나 부부싸움이 그치기도 했다.

　　서울 생활이 어느 정도 자리 잡히자 부모님은 할머니 댁에 남아있던 동생들을 데려오셨다. 함께 모인 가족은 행복했다. 창문에는 커튼도 쳐졌고 어머니 방에는 부업용 재봉틀도 있었다. 내 책상도 생겼다. 뒤 창문을 열면 구기자나무가 고향을 선물해 줬다. 잿빛 도시에 꾸린 우리만의 보금자리였다.

어느 날이었다. 학교에서 돌아왔는데 동네가 사라졌다. 동네가 폭격 맞은 것처럼 아수라장이었다. 놀란 나는 집으로 뛰어갔다. 우리 집도 없어졌다. 강제 철거된 것이었다. 짐 정리를 하시던 어머니는 나를 보자 허탈한 웃음을 지으셨다.

"네 책 챙겨놨는데 빠진 것 없나 봐라"

벽이 부서진 채 드러누워 있고 해머로 두드린 듯 구멍 난 합판, 그 위로 얼마 전 바른 분홍색 벽지가 속살을 드러낸 채 찢겨 있었다. 우리 식구만 볼 수 있었던 빨간 구기자 열매도 길에서 훤히 보였다. 재봉틀, 양은밥솥이며 책, 아끼던 크레파스도 나뒹굴고 있었다. 상 받은 경복궁 '향원정' 그림에는 커다란 발자국이 찍혀있었다.

"오늘 철거한다는 귀띔도 없었는데"
"그래도 내가 동네 반장이라고 우리 집 뒷담은 남겨 논거라."

소식을 듣고 달려온 아버지는 'ㄱ' 자로 조금 남아있던 뒷담을 보고 애써 위로 삼으시는 모양이었다. 남아있던 담을 이용해 임시로 방을 꾸몄다.

그날 밤 동네는 물속처럼 조용했다. 아이들도 울지 않았고 부부싸움도 없었다. 오랜만에 만나는 조용함이었다. 그런데 이상스레 잠이 오지 않았다.

우리 가족만의 비밀의 정원이 부서지고 강제로 벗겨진 서러움 때문일까. 그림에 찍힌 발자국 때문일까. 고추가 보였던 때보다 더 속이 상하고 억울했다. 한동안 뒤척이던 나는 새벽 기차가 소란스럽게 지나가고 나서야 잠이 들었지 싶다.

얼마 지나지 않아 신기하게 동네는 다시 살아났다. 다시 시끄러워졌고 아이들도 다시 울기 시작했다. 나도 다시 명랑해졌다.

백일 사진을 다시 가만히 들여다본다. 고추를 내놓고 천연덕스럽게 웃고 있다. 그래 내가 감추고 싶었던 것은 고추가 아니었어.

2008년

주먹도끼, 61X91cm, 한지 먹 채색, 2021년

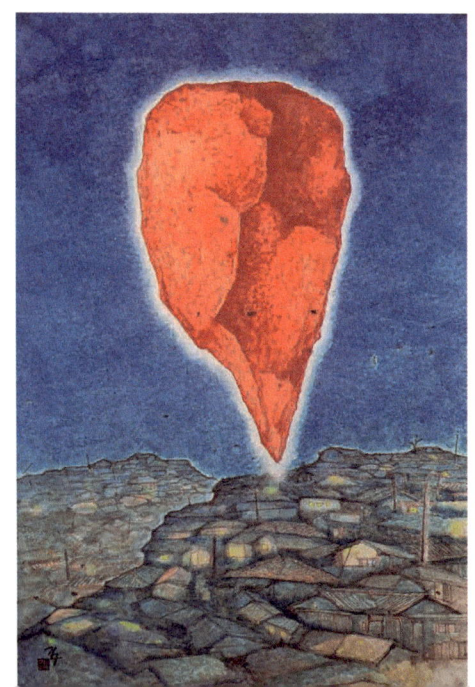

어린 날의 풍경화

　주문했던 화선지를 찾으러 인사동에 갔다. 다락방에는 적잖은 화선지가 있었다. 물기를 잘 머금어 주는 오당지, 조금 얇은 옥당지, 얼룩덜룩 닥나무 껍질이 박혀있는 닥지, 질긴 순지. 하지만 100호 크기를 그릴만 한 큰 종이는 없었다. 종이를 찾아들고 돌아오는 길, 마음은 벌써 그림을 그리고 있었다. 어린 시절 학교 모습도 보이고 그 속에서 뛰어놀던 내 모습도 떠올랐다.

　쌀쌀한 봄날 국민학교 운동장에는 코흘리개 입학생들이 빨강, 노랑, 파랑, 초록색 리본을 가슴에 달고 색 따라 줄을 서 있었다. 훌쩍 자란 자식을 보며 흐뭇한 미소를 짓는 부모님. 단상 앞에 늘어선 선생님들. 교장 선생님의 환영사가 있었지만 난 리본 색깔이 어찌나 곱던지 그

색에 취해 있었다.

　봄이면 학교 뒷산은 진달래로 붉게 물들고, 여름이면 커다란 느티나무가 시원한 그늘을 만들어주었다. 하늘이 바다처럼 푸르던 날 열린 가을운동회는 동네잔치였다. 겨울이면 교실에는 주운 솔방울과 장작개비를 이용해 조개탄 난로를 피워 놓았다. 하지만 교실이 좁은 아이들은 쉬는 시간만 되면 밖으로 달려 나가 말뚝박기 놀이를 하거나 고무줄놀이를 했다. 몇몇 아이들은 양지쪽에 옹기종기 모여 따뜻한 햇볕을 쬤다. 해가 고마워 하늘을 올려다보면 쨍한 햇살에 눈이 시려 찡그린 얼굴이 되곤 하였다. 미술시간이면 나는 나무, 산, 그리고 집을 그럴듯하게 그렸다. 언젠가 도화지에 우리 소 누렁이를 그렸는데 선생님은 칭찬하시며 교실 뒤에 붙여 주셨다.

　학교에서 내려다보면 동쪽으로 나무 전봇대가 길게 늘어선 신작로가 있었다. 버스가 지나가면 황토 먼지가 풍선처럼 꼬리에 매달렸다. 이 모습이 신기해 차가 산모퉁이로 사라질 때까지 한참을 바라보곤 하였다. 그래선지 나는 가로수와 전봇대가 늘어선 신작로를 즐겨 그렸다. 그럴 때면 내 마음도 끝없이 길을 따라가곤 했다.

　얼마 후 실제로 그런 일이 생겼다. 부모님의 교육열에 선생님의 추천으로 서울로 전학을 하게 되었다. 그림 속의 길을 따라 고향을 떠난 것이다. 학교 친구들이 찾아와 부러움 반 아쉬움 반 섞인 표정으로 나를 배웅해 주었다. 내 생애 첫 번째 슬픈 이별이었다. 서울에 와서도 여전히 그림 그리기를 좋아했다. 하지만 부모님이 바라는 공부를 해야 했기에 그림은 항상 뒷전이었다.

　나는 평소 그림을 호수로 나누는 것을 좋지 않게 여겼다. 질보다 양을 중시하는 것 같아. 하지만 이번에는 가로 162센티 세로 112센티 풍경 100호로 그 크기를 따졌다. 내가 다녔던 국민학교 개교 100주년을 기념해 그리는 작품이기 때문이었다.

　화선지를 크기에 맞춰 접었다. 화선지를 자를 때는 가위보다 칼이 제격이다. 칼을 접힌 종이 사이에 넣고 조심스레 톱질하듯 움직였다. 종이는 소리 없이 잘렸다. 화선지를 화판에 고정하니 하얀 허공이 펼쳐졌다. 천천히 먹을 갈아 그림을 그리기 시작했다. 십여 년 만에 다시 잡는 붓이었다.

어린 후배들이 볼 그림이니 쉽고 편안한 풍경화를 그리기로 마음먹었다. 그림 한가운데 꿈을 키워준 학교를 배치했다. 동네 모습에 누구네 집은 있고 누구네 집은 없으면 안 되었다. 보이는 것은 모두 그려 넣었다. 멀리 보이는 문수산을 봄, 그 아래 솔산은 여름, 마을은 가을로, 그리고 화폭 아래 앙상한 나무와 추수가 끝난 논밭을 늦가을과 겨울을 상징하듯 그려 넣었다.

그림을 완성하기까지 일 년이란 시간이 필요했다. 큰 작품이기도 하였지만, 아직 그림에만 몰두할 수가 없는 생활이었다. 퇴근 후 고작 한두 시간 정도가 작업시간이었다. 하지만 이 그림을 시점으로 다시 붓을 잡기로 한 각오 때문에 시간은 중요하지 않았다. 그림을 그릴 때면 꿈 많던 어린 시절이 자주 떠올랐다. 다시 힘이 솟았다. 순수한 동심이 나를 일으켜 세웠을까. 결국, 이 작품을 계기로 생활고 때문에 그림을 그릴 수 없었던 세월을 딛고 재기할 수 있었다.

학교를 찾았다. 만국기가 펄럭이고 왁자지껄한 축제 분위기였지만 개교 100주년 기념식 내내 내 눈은 어린 시절을 기억해 내느라 바빴다. 목조건물은 시멘트 건물로 바뀌었고 커다랗게만 보였던 운동장은 세월에 닳고 닳은 듯 작아져 있었다. 40여 년 세월을 어디에 감췄는지 서 있는 느티나무만이 그대로였다.

기념식이 끝나고 기증한 그림 앞에서 고향 친구들과 함께 기념 촬영을 했다. 박수와 칭찬, 웃음 속에 친구가 한마디 했다.

"지각 잘했던 교문 앞 순주네도 저기 있고 아하! 우리 집도 있네! 예배당도 있고."

머리 희끗희끗한 친구들이 다시 코흘리개가 되어있었다.

2009년

월곶 국민학교 개교100주년 기념화, 162X112cm, 화선지 수묵담채, 2007-2008년

풀을 뽑다가

　우리 집 대문에서 현관 사이 짧은 길에 보기 좋아지라고 화분이 늘어서 있다. 봄 지나 여름 되니 화분마다 풀이 가득했다. 한 촉 두 촉 뽑아내니 뽑히던 바랭이풀이 한마디 했다.

　"누군 놔두고 왜 나만 뽑아요."

　이 말 듣던 쇠비름, 쇠별꽃, 달개비까지 모두 한마디 하며 거들었다.

　"너른 벌판에서 자랐으면 뽑힐 일이 없을 텐데, 누구보다 열심히 살았는데."

각박한 도시 그것도 비좁은 집에 태어나니 이런 대접 받는단다. 그러자 주인인 양, 자리 잡은 화분 속 국화, 금낭화. 거만하게 담벼락에 기대고 선 덩굴장미.

"너희들이 있을 곳은 여기가 아니야, 바닥에서 기는 작고 보잘것없는 것들이, 그것도 꽃이라고."

죽느냐 사느냐? 뽑히느냐 뽑히지 않느냐? 선택된다는 건 버림받는 것, 선택된다는 건 살아남는 것. 난 한참을 생각하다 풀 뽑을 엄두를 못 내고 흙 묻은 손을 수돗물에 깨끗이 씻었다.

우리 집 화단엔 이런저런 풀이 가득하다.
저 집은 사람도 안 사나 할 정도로.

2014년

의자들의 대화

몇 년째일까. 틈만 나면 밤에 골목길을 찾아다녔다. 그림 소재를 찾기 위해서였다. 아현동, 공덕동, 만리동. 옛 모습을 지닌 집들이 많아 정겨운 데다 산동네여서 수직 구도의 그림을 그리기에도 좋았다. 특히 소시민의 삶을 엿볼 수 있는 풍경이 나를 사로잡았다.

소시민의 삶에는 가식이 없다. 솔직한 모습은 아름답고 때론 슬프다. 그래서일까. 그림으로 세상에 질문을 던져온 나는 그곳에서 답을 얻고 싶었다.

부산한 낮에 비해 조용한 밤 골목은 도리어 많은 이야기를 해주었다. 나이 든 사람의 뒷모습 같은. 벽에 세워진 낡은 리어카나 등받이가 유난히 높은 오토바이, 복잡한 전선을 걸머지고 있는 전봇대는 이상하게도 어둠 속에서 더 도드라져 보였다. 벽에 붙어있는 광고물이며 비탈길에 세워진 자동차, 금이 간 보도블록도 가로등 불빛 아래서는 주인공이 되곤 했다

아현동을 찾았던 때의 일이다. 시장에서 순댓국을 배불리 먹은 탓인지 가파른 골목길이 다른 때보다 힘들게 느껴졌다. 얼마나 시간이 흘렀을까. 이 골목 저 골목을 기웃거리다가 왔던 길을 내려다보기도 하고 언덕길을 올려다보기도 하는 나를 어떤 소년이 지켜보고 있었다. 눈이 마주치자 놀란 토끼처럼 계단을 뛰어 언덕 너머로 사라졌다. 밤이 깊어 하늘은 검푸른 빛을 띠고 있었다. 소년이 사라진 곳으로 올라갔다. 숨이 찼다. 좁고 경사가 심해 차는커녕 오토바이도 오르기 힘든 곳이었다. 그 아이는 이런 곳을 매일 오르내렸을 것이다.

올라서니 산꼭대기였다. 발그스름한 나트륨 가로등 불이 홀로 동네를 지키고 있었다. 나무도 없고 허름한 지붕들 위로 우뚝 솟구친 연탄가스 배출구만이 존재감을 드러내고 있었다. 도시에서 가장 높은 곳이었지만 한편

가장 낮은 곳이기도 했다. 집들이 따개비처럼 붙어있는 또 다른 달동네가 눈앞에 바위섬처럼 솟아 있었다. 멀리 빌딩 숲이 불빛을 반짝이고 있었다. 밤하늘의 별들이 쏟아진 듯 세상은 희고 노랗고 푸른 불빛들로 가득했다.

내려가는 길에 처마를 마주한 두 채의 집과 마주쳤다. 기와와 루핑을 인 야트막한 지붕. 벽은 깔끔했고 창틀도 꼼꼼하게 하늘색 페인트칠이 되어있었다. 그때 내 눈길을 붙잡는 것이 있었다. 두 집 대문 앞에 놓인 빈 의자들이었다. 하나는 등받이가 달린 녹슨 철제의자로 푸른 방석이 깔려 있었고, 다른 하나는 등받이와 팔걸이가 하나로 이어진 빨간 플라스틱 의자였다. 의자 하나는 비스듬히 벽 쪽을 향하고 있었는데 마치 일을 끝내고 돌아서려는 사람처럼 보였다.

갑자기 그 의자에 앉아 이야기하고 있는 사람들이 떠올랐다. 낮에 나와 앉았을 사람이라면 노인이지 싶었다. 어쩐지 안노인들이었을 것 같았다. 헐렁한 바지, 빛바랜 분홍색 털스웨터, 희끗희끗한 짧은 파마머리에 주름진 얼굴. 등은 굽었지만 왠지 꼬장꼬장할 것 같은. 멀리 시내를 내려다보며 두 분은 무슨 이야기를 나누었을까. 고향이야기였을까, 먼저 간 남편 이야기였을까, 어쩌면 손주 자랑을 했을지도 모른다. 무릎 위에는 아마도 부업 거리가 놓여있었을 것이다.

이런저런 상상을 하자니 두 개의 의자가 더욱 정겹게 느껴졌다. 갑자기 그 의자들을 그리고 싶었다. 아니, 그 이야기들을 담고 싶었다. 손이 바빠졌다. 나는 재빨리 주변을 스케치하고 종이 위에 의자를 훔치듯 옮겨 놓았다. 느낌을 메모하고 간단히 사진도 한 장 박았다.

내려오는데 등 뒤에서 의자가 말하는 소리가 들렸다.

"아니 저 젊은이는 우리 동네 사람도 아닌데 밤에 여긴 뭣 하러 왔지."
"누굴 찾아 왔남, 사진도 찍고 종이에 뭘 적던데 철거반 원인가?"

나는 모른 체하고 서둘러 길을 내려왔다.
'두 개의 빈 의자가 있는 풍경'이란 그림이 그려졌다.

두 개의 의자가 보이는 풍경, 53x45CM, 한지 먹 채색, 2012년

돈 많은 사업가가 뇌물수수죄로 잡혀가는 모습을 뉴스에서 보고 난 날, 의자가 이야기를 주고받았다.

"쯧쯧, 미련한 것 같으니.
다 쓸래도 못 쓰고 가는 게 돈이여."

플라스틱 의자가 말문을 열자

"그러게 말여, 지고 갈 꺼여 메고 갈 꺼여."

녹슨 철제의자가 말을 받았다.
김연아가 피겨스케이팅에서, 손연재가 리듬체조에서 좋은 성적을 거두면

"봤제, 어쩜 그리도 예쁘다냐, 그런 손녀딸 하나 있었으면…."
"누가 아니랴 귀여 죽갔어."

요양병원에 계신 집안 어른을 찾아뵙고 온 날이었다.
몸을 스스로 가누지 못해 몇 년째 누워계신 분인데 다녀

올 때마다 마음이 좋지 않았다. 그날도 그림 속의 빨간 플라스틱 의자가 말을 시작했다.

"난 말이여 딱 3일만 앓다 죽고 싶어. 그래야 멀리 있는 자식들 얼굴도 보고 할 말도 할 거 아녀."

이 말에 다리를 저는 푸른 방석 녹슨 철제의자가 길게 한숨을 지었다.

"자식 얼굴 보면 머혀,
난 그냥 어느 날 자는 듯이 죽고 싶구먼."

2012년 여름

투르게네프의 참새가 된 아내

　　외환위기 시절이었다. 사업이 기울자 집이 경매에 넘어갔다. 거기에 발행한 당좌수표의 부도로 수배자 신세가 되었다. 도망 다니며 사태를 수습해야 하는 나에게 세상은 어두운 먹색이었다.

　　집을 비운 지 석 달째, 가족이 그리웠다. 밤늦은 시간, 그간의 사정도 알려줄 겸 달빛처럼 집에 스며들었다. 아이들은 곤히 잠들어 있었고 놀란 아내가 눈물로 차려준 밥상을 받고 있었다.

　　"계십니까, 김형구 씨 계십니까."

바깥 대문에서 누가 나를 부르는 소리였다. 가슴이 철렁 내려앉았다. 밥 먹던 숟가락을 든 채 아내를 쳐다보았다. 아내도 당황한 기색이 역력했다.

"계세요, 파출소서 나왔는데요."
"아무도 안 계세요."
"탕, 탕, 탕"

대문 두드리는 소리만큼 가슴도 쿵쾅댔다. 내가 집에 들어온 것을 알았단 말인가. 초인종은 전부터 고장 나 있었는데 채권자들이 들이닥칠 것 같아 고치지 않았다.

"아무도 안 나오네요, 넘어 들어가 대문 딸까요."

목소리를 들으니 한 명은 젊은 경찰관 같았다. 마당 끝에 있는 대문은 높지 않아 남자라면 쉽게 넘을 수 있었다. 낯빛이 하얗게 질린 아내는 순간, 나에게 가만있으라는 손짓을 하고는 현관문을 열고 나갔다. 대문으로 향하는 아내의 발걸음 소리가 시한폭탄 초침 소리처럼 들렸다. 입이 바짝 타들어 갔다. 숨이 가빠왔다. 부엌문을 열고 뒷집 담을 넘을까도 생각했으나 잘못됐다간 동네에 이상한 소문만 키울 것 같았다.

"누구세요?"

아내의 음성이 떨렸다.

"네, 파출소에서 나왔는데 김형구 씨 계십니까?"
"우리 그이요? 집에 안 들어온 지 석 달 짼대요."
"네. 혹시 어디 계신지 모릅니까?"
"저도 몰라요. 애들도 지 아빠 찾고 난린데"
"잠깐 들어갈 수 있을까요."

경찰관의 말에 이제 올 것이 왔구나 싶었다. 잡히면 끝장이었다. 사업의 뒷수습도 못 하고 결국 파산의 나락으로 떨어질 게 뻔했다. 현관의 구두를 감춰야 한다는 생각도 들었으나 이미 몸은 얼음처럼 굳어있었다.

"뭐라고요?
야밤에 여자 혼자 있는 집엘 들어온다고요?"

실랑이가 벌어지는 듯했다

"그리고 좀 전에 담 넘으려 하셨죠? 아저씨, 민주 경찰 맞아요?"

아내가 일부러 격앙된 목소리로 따지고 있었다.

"아, 네에, 그만 됐습니다. 바깥어른 오시거든 이리로 연락해 주세요, 저희가 도와드리려는 겁니다."

경찰관들은 연락처를 내밀고 사라지는 모양이었다.

스릴러 영화의 한 장면이 폭풍처럼 지나갔다. 장면이 바뀌고 식탁에서 떨고 있던 도망자 곁에 여주인공이 있었다. 그녀의 손, 검지와 중지 사이에는 명함 한 장이 전리품처럼 들려있었다.

나는 영화 속 주인공처럼 그렇게 위기를 넘겼다. 여리고 눈물이 많은 아내에게 저런 모습이 있다니. 아내는 자기 새끼를 지키기 위해 커다란 사냥개 앞에 버티고 있던 '투르게네프'의 참새였다.

다음 날 새벽, 미리 골목 동정을 살피고 온 아내와 이별을 했다. 힘껏 껴안아 준 아내의 눈이, 돌아서 떠나는 나의 등이 촉촉이 젖어 있었다.

2013년 겨울

밤 골목길, 60.5x73cm, 한지 먹 채색, 2019년

할머니의 기다림

아침에 보니 정화수가 솟구쳐 하늘 고드름이 되어있었다. 그날 밤에도 할머니는 장독대에 정화수를 떠 놓고 비셨다. 두 손을 모아 빌며 연신 머리를 조아리고 주문처럼 무슨 말씀인지 하셨다. 가끔 '천지신명'이란 말이 들리기도 하고 얼핏 '비나이다' 소리도 들렸다. 궁금해 쪽 유리창에 얼굴을 바짝 붙여 보았지만, 소리는 더 들리지 않고 절하는 모습만 보였다. 사락사락 내리던 싸락눈이 포실한 함박눈으로 변할 때쯤 할머니는 방으로 들어오셨다. 내복 차림으로 반가워 폴짝 뛰는 나를 힘껏 안아주셨다. 머리 위에 내렸던 눈이 녹아 비녀를 적시고 있었다.

"아이쿠 내 새끼"

할머니의 토닥거림에 그때야 나는 다람쥐처럼 이불 속으로 쏙 들어갔다.

눈이 소복이 내리고 겨울밤은 깊어갔다. 동네 개가 심하게 짖었다. 안마당에 있던 우리 개 '독끄'도 덩달아 짖어댔다. 갑자기 밖이 시끄러웠다. 누군가 낯선 이라도 나타났을까.

"뽀드득 뽀드득"

길 지나던 발걸음 소리가 마당을 가로질러 우리 집 대문 앞에서 멈췄다. '독끄'가 더 크게 짖어댔다. 나는 무서워 이불 속에서 바짝 웅크린 채 귀를 세웠다. 낮에 보았던 '한 손이 쇠갈고리로 된 사람일지도 몰라' 생각을 하니 더 무서웠다.

"그 뉘슈?"

사랑채 할아버지 목소리가 들릴 때쯤 벌써 할머니는 남폿불을 밝히고 마루에 나가 계셨다.

"눈이 많이 와서요, 산 너머 '남장골' 가는 객인데 잠자리 좀 청하려구요."

굵은 남자 목소리가 대문간을 울렸다. 할아버지께서 대문을 열자 돌쩌귀 소리가 유난히 크게 들렸다. 길손이 어깨며 발에 묻은 눈을 소리 내어 털고 사랑채에 들고 나서야 할머니는 방에 들어오셨다. 그리곤 무슨 일인지 긴 한숨을 지셨다.

할머니는 밭일 중에도 동네 어귀 '회나무재'에 낯선 이라도 보이면 호미를 든 채 한참을 바라보곤 하셨다. 6.25 전쟁통에 행방불명된 큰아들을 기다리고 계셨던 것이다. 늦은 밤 대문 앞에 이른 이를 행여 아들이라 생각하신 것일까. 낮이건 밤이건 멀리 개 짖는 소리가 들리면 아들이 오고 있을지도 모른다는 생각을 하셨지 싶다. 누워서도 한동안 잠을 못 이루고 뒤척이시던 할머니를 보았던 유년의 기억이 아직도 생생하다. 그날 할머니는 소란에 선잠이 든 나를 꼭 끌어안고 주무셨던가.

그 뒤로도 나는 끝내 큰아버지를 뵐 수 없었다. 몇

해가 더 지났을까. 복사꽃이 흐드러진 어느 봄날 할아버지는 면사무소에 가셔서 큰아들 사망신고를 하셨다. 하지만 그 이후로도 끼니마다 할머니께서 묻어 두었던 밥주발은 계속 아랫목을 차지하고 있었다.

2013년 겨울

손 - 펜화

고승을 찾아갔다가
부처님을 만나다

　나의 이십 대 시절 이야기다. 회의와 불만, 성취에 대한 불안에서 오는 무게를 감당하지 못해 방황하고 있었다. 그때 내 앞에 나타난 한 권의 책, 법정의 <무소유>였다. 읽고 또 읽었다. 깊은 감명을 주체할 수 없었다. 스님을 만나야겠다고 마음을 먹은 어느 화창한 봄날, 나는 불쑥 길을 떠났다. 내 배낭에는 먹, 작은 벼루와 화선지, 야외용 이젤과 스케치북 그리고 젊은 날의 치기가 들어 있었다.

　서울에서 구례까지는 기차를 탔다. 거기서부터 버스를 타고 섬진강을 따라 내려가다가 화개장터에서 내렸다. 쌍계사에 있는 불일암佛日庵에 가기 위해서였다. 눈앞에는 황소처럼 엎드린 지리산. 그 자락을 굽이굽이 감돌아 나가는 벚꽃 길. 그리고 밤새 내린 비로 힘차게 흐르는 냇물과 상큼한 바람, 투명한 하늘. 거기에 흩날리는 꽃잎이 나를 무작정 걷게 했다. 화개장터에서 쌍계사까지 십여 리나 되는 꽃길을 마냥 달떠서 걸었다.

그렇게 해서 한참 만에 절에 도착했다. 그런데 젊은 스님 한 분이 캔버스에 절집을 그리고 있는 것이었다. 스님이 먹으로 달마도를 그리는 건 보았지만 기름내 나는 서양화를 그리는 것은 의외였다. 내가 먼저 말을 걸었다. 스님은 내 배낭에 꽂혀있는 이젤을 보고는 말을 받아주는 것 같았다.

처음은 그림 이야기로 시작했으나 어느새 엉뚱한 곳으로 이야기가 흘러가고 있었다. 스님이 당시 한창 베스트셀러가 된 김성동의 소설 <만다라>를 화제로 삼았기 때문이었다. 한참 동안 격론을 벌였다. 주인공 '지산'과 '법운'을 놓고 성불하는 방법이 옳으니 그르니 하는 것이 쟁점이었다. 깊은 산속 도량에서 스님과 논쟁을 벌인 것은 전혀 예상 밖의 사건이었다. 젊은 치기 때문이었으리

라. 한참 만에 토론을 접고 갈 길이 먼 나는 서둘러 자리를 떠났다.

쌍계사를 뒤로하고 험한 비탈길을 한참이나 올라가서야 불일암에 도착했다. 그런데 그곳에는 법정 스님이 계시지 않았다. 불일암은 쌍계사 말고 송광사에도 있으며 스님은 송광사 불일암에 계신다는 것을 그때야 알게 되었다. 정보도 부족했지만, 덜렁대는 나의 성격 탓이었다. 허탈하고 그야말로 낭패였다. 그런 내 모습을 지켜보던 암자의 스님이 나에게 한마디 했다. 이틀 동안 내린 비로 불일폭포가 볼만하니 구경이나 하고 가라는 것이었다. 나는 고맙다는 인사를 하고 암자를 나섰다.

비탈길을 따라 한참을 올라갔다. 그러나 폭포는 보이지 않았다. 잠시 멈춰선 채 땀을 닦고 있는데 어디선가 땅을 흔드는 듯한 묵직한 소리가 들려오는 것 같았다. 우웅. 북소리도 같고 산이 우는 소리도 같은 그 알 수 없는 음향이 나의 걸음을 재촉했다.

얼마나 올랐을까. 물안개 때문인지 길가의 풀과 바위

가 촉촉이 젖어 있었다. 다시 몇 걸음을 옮기자 드디어 폭포가 거대한 모습을 드러냈다. 불일폭포였다. 이단으로 꺾여 내리는 폭포의 장쾌한 추락. 나는 그 장엄함에 넋을 잃었다. 짐을 내려놓을 생각도 못 한 채 서서 폭포를 바라보고 있었다. 거대한 바위가 정靜의 결정체라고 한다면 거대한 물줄기는 동動의 표상 같았다. 정이 동을 누르고 있는 것이 침묵이요 평온이라면 동이 정을 압도하는 것은 질타고 웅변이었다. 푸른 듯 희고 흰 듯 푸른 물줄기는 산골짜기를 찢고 하늘을 울리고 있었다. 거침없는 낙하의 장렬한 기상 앞에 나는 지극히 왜소한 존재로 오그라지고 있었다. 몸이 점점 작아져 사라질 순간인데 내가 안고 있던 그 좌절과 불만, 회의 같은 것이 남아있을 리 없었다. 가슴은 구멍이 뚫리고 머리가 날아가 버린 듯, 나는 무아의 경지 그 자체에 함몰되어 있었다. 폭포는 기세등등하게 일거에 모든 것을 쓸어버릴 기세로 내게 일갈一喝하는 것이었다.

"내려놓아라. 네가 짊어진 그 짐부터 내려놓아라. 깨끗이 씻어내라. 모두 버려라. 나를 봐라, 포기요 추락이 아니다. 난, 나를 던지고 있는 것이다. 그래야 모든 것을 아우르는 통일과 합일의 바다에 이를 수 있기 때문이다."

　한동안 나는 눈을 감은 채 그 소리의 힘에 꼼짝할 수 없었다. 그렇게 얼마의 시간이 흘렀는지 모른다. 다시 눈을 떴을 때는 폭포의 소리가 들리지 않았다. 폭포는 이미 내 몸 안에 들어와 있었다. 모든 것을 내려놓는 무소유의 가르침을 불일폭포는 온몸으로 나에게 말하고 있는 것이었다. 폭포로 현신하여 나를 일깨우는 부처님. 한 말씀 듣고자 고승을 찾아 나섰던 나는 뜻밖에 부처님을 만난 것이었다.

　나는 불일폭포에서 받은 감동을 가슴속에 담아서 그 길로 집으로 돌아왔다. 돌아와서 바로 화선지에 폭포를 옮겨 놓았다. 지금도 그때의 가르침을 담은 그림은 내 방에 걸려 있다. 살면서 가끔 지나치게 현실에 집착할 때면 그때의 그 목소리로 일갈하신다.

　"무거우냐?
　그 짐부터 내려놓아라."

2013년 봄

불일폭포, 18.5X55cm, 화선지 수묵담채, 1981년

색으로 된 세상

　겨울 아침, 바람 한 점 없이 맵다. 마당 한쪽 장작더미 위에 앉은 곤줄박이 한 마리, "짹 재짹" 동료를 부르는 소리가 송곳처럼 허공을 찌른다. 꼬리를 위아래로 까닥까닥, 경계가 이만저만이 아니다. 바지런한 몸짓, 마당을 오르락내리락 먹이를 줍는다. 뒤따라온 또 한 마리, 치자색을 머금은 고동색이다. 할아버지 마고자의 호박 단추 같다. 색이 날아다닌다. 아니, 색이 춤추고 있다.

　국민학교 입학식 날이었다. 운동장 단상에선 교장 선생님이 훈화에 열을 올리고 있었지만 나는 가슴에 달아 준 리본 색깔에 취해 있었다. 끝이 제비 꼬리처럼 생긴 빨강, 파랑, 노랑 리본들. 우린 색깔 따라 줄을 섰다. 나는 그날 친구보다 색을 먼저 사귀었다. 예쁜 색이 말을 걸어왔고 부를 때마다 신이 나서 이리저리 고개를 돌렸다. 빨강, 파랑, 노랑 같은 원색을 만난 그 설렘이란! 지금도 그때 생각만 하면 가슴이 떨린다. 온몸으로 색을 느꼈던 첫날, 또래들과 구별된 날이기도 했다.

크레용을 가지고 그림을 그린 건 조금 지나서였다. 여섯 가지 색으로 그림을 그리다가 열두 가지 색 크레용을 받던 날 세상 부러울 게 없었다. 색마다 표정이 달랐다. 잠을 잘 때도 열두 가지 색 크레용을 머리맡에 두고 잤다. 그날 꾼 내 꿈도 천연색이었으리라.

서울에 전학 와서 처음 '에노그'라 불리는 그림물감을 만났다. '에노그'는 색이 병뚜껑 같은 것에 들어있었는데, 야박해서 조금만 쓰면 깡통 바닥이 드러났다. 물을 넣어야 색을 허락하는 물감은 다루기가 까다로웠다. 붓을 조금만 덜 씻어도 원하는 색이 나오지 않았다. 색을 다루는 게 어렵다는 사실을 처음 알았다. 색은 까다롭다. 외골수다. 자기와 조금만 다른 녀석을 만나면 즉시 표정이 변한다. 한번 변하면 돌아오지 않는다. 변심한 애인 같다.

뒤란에 솥단지가 걸리고 장작불이 지펴졌다. 낼모레면 정월이었다. 우물가 숫돌 곁에는 뾰족한 창칼이며 커다란 부엌칼이 시퍼렇게 날이 서 있었다. 발목 묶인 까만 돼지 입에선 숨 쉴 때마다 허연 김이 연기처럼 뿜어져 나왔다. 가끔 동네가 떠나가라 소리를 지르며 발버둥 치지만 소용이 없었다. 방안으로 쫓겨 들어온 나는 창호지 사이에 난 쪽 유리창에 눈을 들이대고 밖을 살폈다. 돼지가 소리를 질러댔다. 소리가 가장 크게 들렸는가 싶을 때 우물가엔 빨간 피가 흘러내렸다. 멱따는 소리는 사라졌지만, 붉은 피는 한동안 멈추지 않았다. 그렇게 해서 붉은 색은 나에게 공포가 되었다.

　　엄마 몰래 얼레에 무명실을 감았다. 연을 날리러 밭둑을 내달았다. 용이, 창원이, 건택이 그 누구보다도 높이 멀리 날리고 싶었다. 연이 오르고 바람결에 얼레는 점점 빨리 돌아갔다. 하얀 연이 너울너울 춤을 추며 점점 작아졌다. 춤추던 연도 높이 오르자 무서운지 몸이 굳어 한자리에 멈춰 섰다. 하늘은 눈이 시리도록 푸르렀다. 끝없이 푸른 하늘은 무섭기까지 했다. 그 한가운데 떠 있는 한 점 하얀 연은 슬퍼 보였다.

그 뒤 어른이 되어 어느 겨울, '감포' 앞바다에 섰을 때 동해의 푸르디푸른 바다 위를 나르던 흰 갈매기도 그랬다. 나에게 파랑과 하양은 그렇게 해서 두려움이자 외로움이 되었다.

노랑을 만난 건 아플 때였다. 어릴 적 병치레가 잦았다. 어느 날 약에 취해 방문을 열고 밖을 보았다. 노란 경치가 거기 있었다. 하늘까지 노랗게 보이면 죽는 걸 거야. 이런 생각을 하면 더 어지러웠다. 청년 시절 미술관에서 만난 고흐도 노랑이었다. 해바라기. 밀짚모자. 들녘, 실내 풍경. 밤하늘의 별까지. 그때 고흐가 나에게 말을 걸어왔다. '꿈틀거리는 노랑이 바로 나야!'. 이른 봄 개나리가 노랗고 애기똥풀도 노랬다. 오뉴월 미나리아재비까지. 들녘의 노란 꽃은 알에서 깨어난 병아리 같다. 노랑은 현기증이다. 어쩜 사람이 죽을 때 보는 마지막 색이 노랑일지도 모른다.

겨울 숲을 찾았다. 조금 오르니 박새가 나를 맞았다. 녹청색과 회색의 조화가 깔끔했다. 남에게 기대느라 셋

방살이하느라 속을 끓여서일까. 졸참나무를 타고 오른 청가시덩굴 열매가 새까맸다. 바삭바삭 낙엽이 말라 있었다. 갈색이다. 이파리가 흙빛을 닮는 걸 보면 나무는 흙이 그리운 것인가. 더 오르니 길섶에 진한 주황색 열매를 단 노박덩굴도 보였다. 무채색의 겨울에 유채색을 만난다는 건 커다란 즐거움이었다. 흰 눈 속에서도 변함없는 푸른 소나무, 노간주나무, 노루발풀이 고마웠다. 내려오는 길, 빨간 백당나무 열매가 저녁 햇살에 영롱했다. 할 일을 다 마치고 고운 색으로 남는다는 건 얼마나 멋진 일인가!

색은 삼원색만 있는 것이 아니다. 진달래는 분홍이다. 봄날 새순이 만드는 앞산의 연두색은 하루하루가 달라 황홀하기까지 하다. 깜찍한 소녀의 눈웃음 같은 이른 아침 청보라색 나팔꽃, 가을에는 색깔의 향연이 열린다. 옻나무 단풍, 붉나무, 설탕단풍나무, 하얀 억새, 누런 갈대, 들판의 알곡들도 황금색이다. 모두 자기 자랑이 한창이다. 그런가 하면 스님의 잿빛 장삼은 눈 내리기 전 하늘빛을 닮았다. 색의 고민을 모두 담아 더 이상 검을 수 없어 보이는 신부님의 사제복도 있다. 사랑채 툇마루의 담

갈색 나뭇결. 녹슨 양철지붕의 붉은 황갈색, 기와지붕의 옥색 이끼, 그리고 서해안의 검은 회갈색 갯벌처럼 세월을 품은 색도 있다.

뽀얗다고나 할까. 따스하고 아련하고 쓸쓸하다 할까. 누구나 가지고 있는 자신만의 색이다. 보이지 않지만 보인다. 가슴에서 우러나 간절함이 녹아 배어든 색. 절절하면 할수록 깊어지는 색. 사랑, 그리움, 외로움조차 색이지 싶다.

색계色界! 그렇다. 세상이 곧 색인 것이다.

2012년 겨울

나의 외할머니

벌써 며칠째 비가 내린다. 장마다.

1956년 여름, 음력으로 유월 열이튿날 이른 아침. 앞마을 '갈뫼'에서 아주머니 한 분이 머리에 보따리를 인 채 건넛마을 '배루리'를 향해 걷고 있었다. 길섶에는 새벽까지 내린 비로 호박잎도 축 늘어졌고 며칠 전까지 흐드러지게 피어 있던 개망초도 비바람에 이리저리 넘어져 있었다. 보따리에는 미역이며 태어날 손자에게 줄 기저귀감 천도 있었다.

오五리 길을 걸었는데 이제 눈앞에 닥친 '앞내'가 걱정이었다. 요 며칠 내린 장맛비로 물이 적잖이 불어 있었다. 얼마 전 장날에는 사돈댁에 잠시 들러 만삭인 시집간

딸을 보고 왔었다. 엊저녁에는 '배루리'에서 피사리 품앗이를 하고 돌아온 황 서방으로부터 딸이 산기가 있어 오늘 낼 한다는 소리도 들었던 터였다. 더군다나 내일 열사흗날은 딸의 생일이었다. 무슨 수를 내서라도 내를 건너야 했다. 물이 불어난 '앞내'는 전에 빨래하던 때와는 다르게 뻘건 황토물이 넘실거리며 흐르고 있었다.

내를 가로지른 보洑가 있던 자리를 찾아 살며시 발을 내디뎠다. 물살이 거칠었다. 한 걸음, 두 걸음 내딛다 아니다 싶었지만 이미 때는 늦었다. 되돌아가기엔 뗀 걸음이 많았다. 건너야 딸도 만나고 아기를 낳았다면 손주도 볼 것이 분명했다. 발끝에 힘을 줬지만 그만 세찬 물살에 미끄러졌다. 순식간의 일이었다.

"아이쿠"

엉겁결에 나온 외마디 소리. 물에 떠내려가며 여인은

"사람 살려"

소리를 질렀다. 죽느냐 사느냐 기로였다. 딸은커녕 손주 얼굴 한번 못 보고 이 세상을 뜨나 싶었다. 마침, 논 물꼬를 보고 있던 아랫마을 박 서방이 논두렁길을 걸어오는 아낙을 눈여겨보았던 터였다. '냇물이 불었을 텐데' 하며 걱정하던 차에 외마디 소리를 듣고 달려와 여인을 겨우 건져냈다. 아낙은 무사했고 목숨을 부지할 수 있었다. 젖은 몸을 한 여인은 그 와중에도 보따리를 가슴에 꼭 안고 있었다.

그때 목숨 걸고 '앞내'를 건너오신 분이 나의 외할머니시다. 나는 그날 새벽 빗소리를 들으며 태어났다.

이 이야기는 외할머니한테 들었던 나의 탄생 이야기다. 이승과 저승을 힘겹게 건너셨고 거기에 첫 번째 외손주로 아들을 얻었으니 얼마나 기쁘셨을까. 내가 어른이 되고도 나만 보면 하시던 되새김질 말씀에는 그때의 기쁨이 빛바래지 않고 배어있었다. 그 뒤 바삐 살면서 잊고 지내던 생일도 장마철만 되면 떠오르곤 했다.

이제는 이렇게 장맛비가 내리면 내 생일보다도 몇 해

전에 돌아가신 외할머니가 진한 그리움이 되어 떠오른다.

2010년 여름

최후의 만찬

축 생

초대합니다.

늘 저를 사랑해 주셨던 가족, 친구, 선배, 후배 여러분~!
제가 열심히 살다가 에너지를 다 소진하고
하늘의 부르심을 받아 먼저 현생을 마무리하고
환생을 위해 떠나려 준비하고 있습니다.
조촐한 자리이오나 오셔서
저의 아름다운 생의 마무리를 축하해 주신다면 나름
행복 하겠습니다.

장소 : 000
일시 : 0000

000 올림

노트에 연필로 꼭꼭 눌러 쓴 편지였다. 이 편지를 나에게 카톡 사진으로 보내 준 사람은 문화강좌에서 만나 형 아우 하며 지내는 동생 '임경일'이다. 그는 문화계의 마당발로 일찌감치 많은 예술가와 인연을 만들며 살고 있다. 역시 지인 이야기였다. 잘 아는 후배가 죽음을 앞두고 자기를 초대했다는 내용이었다. 병이 깊어 호스피스병동에 있다가 몇 시간 외출 허가를 받아 어렵게 마련한 자리라고 설명해 주었다. 괴롭지만 생의 마지막 잔치에 참석하기로 하고 후배가 병상에서라도 손에 잡히면 읽어 보라고 책 몇 권을 샀다고. 그답지 않게 차분한 목소리였다.

그날 저녁 날아온 사진에는 '축 생' 이란 글씨 아래 '아름다운 마무리 ㅇㅇㅇ박사 만찬'이란 글씨가 새겨진 자그만 현수막이 걸려 있었다. 그 밑에는 잔치의 주인공으로 보이는 연미복을 차려입은 한 남자가 있었다. 사람들이 삼삼오오 모여 앉아 귀엣말을 나누는 모습, 그리고 오른쪽에는 악사들이 현악사중주를 연주하는 모습도 보였다.

그리고 이어진 사진에는 주인공을 중심으로 여럿이 모여 기념사진을 찍은 모습이었다. 주인공은 웃고 있었다. 웃으라고 권했는지 주변인들도 모두 환하게 웃고 있었다. 주인공은 현수막에 써진 글씨처럼 죽음의 시간이 다 가올수록 스스로 '축 생'이라고 수 없이 마음속으로 다짐하지 않았을까. 하지만 저 웃음 뒤에 가슴 깊이 흐르는 눈물이 얼마였을까. 50 중반 나이에 못 이길 병에 대한 원망, 사랑하는 가족과의 이별, 친구나 선후배들과 수많은 추억. 그 많은 인연을 한 번에 끊어내야 하는 슬픔.

그 아래로 주인공과 아우가 손가락으로 V자를 그리며 환하게 웃는 사진이 올라왔다. 생의 마지막 기념사진이었다. 마무리 사진은 애도하는 마음의 표시로 올린 스님들이 합장하는 모습의 사진이었다. 오신 분들에게 건강히 지내시라고 은수저 두 벌씩 선물해 주는 것으로 만찬이 끝났다며 소식은 맺어졌다.

바쁘게 보낸 연말이라 까맣게 잊고 지낸 어느 날 다시 문자가 날아왔다, '형, 후배가 멀리 떠났어요. 잘 가라고 작별인사하러 갑니다.' 최후의 만찬을 끝내고 열흘째

되는 날이었다. 그리고 삼 일 뒤 계룡산 신원사 고왕암에 후배를 안치하고 귀경 중이란 문자가 왔다.

　죽음이란 뭘까. 슬프기만 한 걸까. 고인은 또 다른 생을 맞는 기쁨으로 진정 죽음을 마주한 것일까. 생과 사는 하나의 고리, 서로 다른 것이 아니라 하나라는 것을 일찌감치 깨달은 것일까. 살아서 죽음을 예고하고 작별인사를 나누던 날, 사진 속에서 환하게 웃고 있던 고인의 모습이 생생하게 되살아났다. 삼가 마음속으로 빌어본다.

　'좋은 곳에서 아프지 말고 편히 쉬세요.'

2015년

헛챔질

고향 김포에는 한강 하류 벼농사 지역답게 수로가 많고 저수지도 여기저기 있었다. 낚싯대로 처음 고기를 잡았던 때가 국민학교 4학년 시절이지 싶다. 이제 낚시를 거의 접었지만 4~50대까지 저수지나 수로에서 대낚시를 즐겼다.

예전 서울 강서구로 이사와 살던 시절 일이다. 집에서 가까운 거리에 '개화수로'가 있었다. 낚시를 좋아하던 나는 여름철이면 새벽에 낚시를 했다. 낚싯대 하나로 2~30수를 건져 올리고 집에 와 출근 준비를 할 정도였다. 장마로 넘쳤던 수로는 고기가 많았다. 새벽 5시경 어스름 동녘이 밝을 때쯤 여러 명의 낚시꾼이 몰려와 자리를 잡았는데 항상 수량에선 내가 앞섰다. 다음날이면 내가 앉았던 자리는 다른 사람 차지였다. 아마 그 자리가 고기가 많이 잡히는 자리인 줄 알고 일찌감치 선수를 친 것이다. 그러면 나는 어제 그분이 앉았던 자리에서 고기를 낚았는데 역시 어부처럼 고기를 줄줄이 낚았다.

이삼일 후 그분이 내게 와서 어찌하면 고기를 잘 잡느냐고 물었다. 낚싯대를 보았더니 우선 '찌맞춤'이 되어 있지 않았다. 찌맞춤이란 봉돌과 낚싯바늘을 합친 무게와 찌의 부력이 평형을 이루는 상태인데 그분은 봉돌이 무거워 가라앉는 낚시를 하고 있었다. 그러니 입질을 해도 반응이 제대로 안 되고 간혹 먹이를 물고 달아나는 붕어를 한두 마리 잡는 정도였다. '찌맞춤'을 해주었다. 하지만 그 뒤에도 고기를 잡기는 했으나 역시 조황이 좋지 않았다. 차츰 내 낚싯대 근처로 낚시를 드리우곤 하였다. 계속 잡아내니 내가 있는 곳이 고기가 많은 것으로 생각한 것이다. 다시 그분이 머리를 조아리며 물었다.

"찌도 맞춰주셨는데 잡는 고기는 왜 선생님의 반도 안 되지요".

나는 답을 해줬다.

"그건 '헛챔질'을 안 해섭니다."

'헛챔질'이란 물속의 고기를 모으는 방법이다. 떡밥 낚시의 경우 일정한 곳에 낚시를 드리우고 조금 기다린다. 어느 정도 시간이 흐르면 입질이 없어도 고기를 채듯 힘주어 낚시를 들어 올리는데 이를 헛챔질이라 부른다. 당기는 힘에 떡밥은 물속에 떨어지게 마련이다. 물론 떡밥은 적당히 부드럽게 개야 하고 낚시를 일정한 곳에 정확히 투척해야 한다. 이런 동작을 수차례 하다 보면 밑밥이 쌓이고 그 근처로 물고기는 몰려든다. 결국, 기다림 끝에 그곳은 고기 밀집 지역이 되어 포인트가 되는 것이다. 고기를 불러 모아 잡으니 차원이 다른 낚시를 하게 된다. 고수는 헛챔질을 잘한다. 낚시터에 먼저 왔던 낚시꾼이 재미 못 보고 일어난 곳이 되레 포인트가 되기도 하는 이유다.

사람의 일도 마찬가지가 아닐까. 당장은 헛손질이 될망정 하고자 하는 일을 열심히 하는 것이 결과를 만든다.

다작 중에 수작이 있다는 말이 있다. 수많은 헛챔질의 결과로 장인이 탄생하고 좋은 작품도 탄생하는 것이 세상 이치일 것이다.

2010년 여름

낙엽

송년 모임을 마치고 밤늦게 집에 들어섰는데 대문간에 낙엽을 한가득 담은 비닐봉지가 놓여있다. 그것도 두 개나. 아침에 차에 싣고 시골 작업실로 가져가라는 뜻일 거다. 나무에 달린 이파리가 아직 많으니 앞으로도 몇 차례 더 할 일이다. 우리 집 낙엽 치우기는 김장철 즈음이면 꼭 하는 연례행사가 되었다.

조그만 서울집 마당에는 단풍나무가 한그루 있다. 결혼기념일 식수였으니 그동안 내 나이만큼 크게 자랐다. 여름이면 지붕을 그늘로 덮어주니 남들보다 냉방기를 덜 켜고 살기는 한다. 하지만 주로 밤에 들고 새벽에 나서는 나는 단풍 구경은 제대로 못 하면서 낙엽 치우기는 꼭 해야 하는 신세가 되고 말았다.

도시에서 집 마당이나 거리의 낙엽은 애물단지 취급을 받는다. 은행잎은 약품 원료로도 쓰인다지만 결국 대부분의 가로수 낙엽들은 쓸어 담아 시골 산이나 들에 거름으로 활용하는 수밖에 없다. 더군다나 이효석 선생의 수필처럼 낙엽을 태우다가는 소방차 출동을 부를 것이다. 이제 도시의 낙엽은 하수도를 막는 쓰레기 정도로 취급받는 신세가 되었다.

어디서든 대접받는 자리에 있지 못하는 존재는 슬프다. 환경이 바뀌고 용도가 달라지면 사물이건 사람이건 버림받기 마련이다. 눈치껏 물러나야 한다. 특히 사람은 나이 들수록 자기 자리 찾는 것이 여간 어려운 일이 아니다.

푸른 잎으로 누구보다 울울창창한 시절을 보냈고 이제 아름다운 색으로 치장을 했다 하여도 낙엽은 낙엽일 뿐이다.

과거에 연연하지 말자. 낙엽의 덕목은 지금, 이 순간 세상의 거름이 되는 것 외에는 없다. 그보다 훌륭한 마무리가 어디 있는가. 아! 어느 여고생이 들고 있는 시집에

책갈피가 되는 것도 멋진 일이긴 하겠다.

　나무는 가을이면 잎을 끊어내는 의식을 통해 단단한 나무로 거듭난다. 나무다워지는 것이다.
　사람도 때가 되면 사람답게 거듭나야 하지 않겠나. 그러고 보니 세상에서 물러날 때를 제대로 모르는 존재는 인간뿐이지 싶다.

2023년 늦가을

본다는 것

　아내가 거울을 보며 화장을 한다. 거울 속의 여자도 화장하고 있다. 가만 보니 거울 속의 여자는 아내가 아니다. 좌와 우가 바뀐 아내의 얼굴일 뿐이다. 왼쪽 뺨에 바르는 뽀얀 가루분은 내가 볼 때 오른쪽 뺨에 발라진 화장품이다. 아내가 거울을 보며 정성을 쏟은 얼굴은 결국 그녀를 바라보는 사람에게는 좌와 우가 뒤바뀐 모습일 뿐이다.
　사람은 누구나 자신의 모습을 볼 수 없다. 비춰 볼 뿐이다. 그러니 아내가 거울을 보며 추구한 아름다움은 누구에게도 그대로 전해지지 않는다.

　본인이 알고 있는 사실이 본질이고 진실이란 생각을 버려라. 허상일 수 있으니. 우리는 어쩜 허상을 사랑하고 소리쳐 부르고 그리워하며 사는지도 모른다.

언제나 진실은 아는 것 보이는 것 뒤에 숨어 있다. 난 항상 그것이 보고 싶다. 가능하다면 그것을 그려 보고 싶다.

2010년

아내의 얼굴, 종이 HB연필, 1983년

밤톨을 줍다 보니

　작업실 옆에는 자그만 토종 밤나무가 있다. 요즘 아이들은 거들떠보지도 않으니 툭툭 여물어 떨어진다. 아니 동네에 아이들이 없다. 가시가 많아 되는대로 알만 몇 개 줍고 밤송이는 한쪽으로 치워놓는다. 치우다 보면 갈색으로 여문 밤을 보게 되는데 이게 완벽하지 않다는 거다. 의외로 외톨이거나 좌우 한 쌍만 남고 가운데는 쭉정이인 것도 있다.

　외톨이는 둥글고 알이 굵은데 알고 보면 좌우 형제들이 여물기를 포기한 결과다. 또한, 좌우 밤톨만 있는 두 형제 밤은 가운데의 희생으로 여문 것이다. 영양이 충분한 밤송이는 세 알이 골고루 잘 크고 자리도 잘 잡고 있다.

이 모습을 볼 때면 세상사도 그렇지 싶다. 가족도 그렇지만 사회 또한 마찬가지 아닐까? 똑똑하고 배운 자들은 사실 공동체의 자양분으로 자란 것이라 할 수 있겠다. 누가 자수성가라 했는가? 세상의 일에 스스로 큰 나무 없고 스스로 큰 사람 없다. 지위가 높고 힘 있는 자들이 겸손해야 하는 이유다.

2022년

아버지

나의 아버지는 구순이 넘으셨다. 심하지는 않지만, 치매를 앓고 계신다. 젊어 국방군에 입대하여 전쟁을 치르셨다. 어려서 전쟁 이야기는 귀에 못이 박히도록 들었다. 우리에게 직접 말씀하신 것 말고도 동네 분들과 어울려 술자리를 하실 때면 이야기는 휴전에 이르러서야 마감이 되곤 하였다.

이야기는 당시 38선 가까운 김포 집에 휴가 오신 것부터 시작되었다. 휴가온 아들을 위해 밤새 두부를 만드시던 할머니, 새벽 포성이 울리고 뒤늦게 전쟁 발발을 알고 귀대 중 여의도 비행장이 폭격당하는 장면부터 전쟁의 서막이 시작되었다. 그 뒤 전세는 수원 대전으로 밀리고 낙동강 공방전, 인천 상륙작전과 서울수복, 북진 통일의 꿈, 중공군 투입, 다시 1·4 후퇴, 지루한 공방전, 그 뒤 휴전으로 이야기는 끝이 났다. 아버지의 3년여에 걸친 생생한 전쟁 참전 이야기였다. 자주 들었던 이야기였지만 동네 분들은 늘 새로운 이야기처럼 귀담아들으셨다.

아무튼, 아버지는 농경사회에서 산업사회를 걸쳐 사신 분이다. 당신의 자랑은 화랑무공훈장이 전부이시다. 나를 비롯해 평범하게 가정을 꾸리고 사업으로 생활을 이끄는 동생들 모두 아버지 눈에 그리 큰 자랑거리는 아니다. 방에 액자 해놓은 훈장증, 벽에 걸린 참전용사 표창장, 옷걸이에 걸린 무공수훈자회 조끼며 모자 등이 아버지의 자랑이고 역사다. 그중에서 가장 아끼는 것은 화랑무공훈장이시다.

나는 어른이 되면서 저것이 그리 자랑할 만한 것인가 하는 생각이 들 때가 있었다. 동족을 상대로 싸운 훈장 아닌가. 북쪽에서도 저렇게 훈장을 주고 치하를 했겠지. 전쟁은 우리들의 잘못만이 아니다. 밖에서 밀어닥친 커다란 힘이 원인이고 민족의 이익보다는 자신들의 욕망을 얹어 만들어낸 끔찍한 결과다. 그 십자가를 우리 민족이

지고 왔으며 그 후유증은 지금까지 계속되고 있다. 내 편이 아니면 상대를 적으로 치부하며 치열하게 싸우고 있지 않은가?

난 전쟁 후 태어난 세대이다. 목숨 걸고 싸운 분들의 행동을 이해는 하면서도 공감하지 못하는 부분도 있다. 동족끼리 싸운 전쟁의 결과는 자랑보다는 슬픔의 흔적일 뿐이다. 결국, 분단시대를 안고 태어난 자식은 전쟁 세대와 또 다른 사고를 할 뿐이다. 그래서일까. 내가 그린 아버지의 초상 속에는 아버지와는 다른 나의 사유가 녹아 있다.

2022년

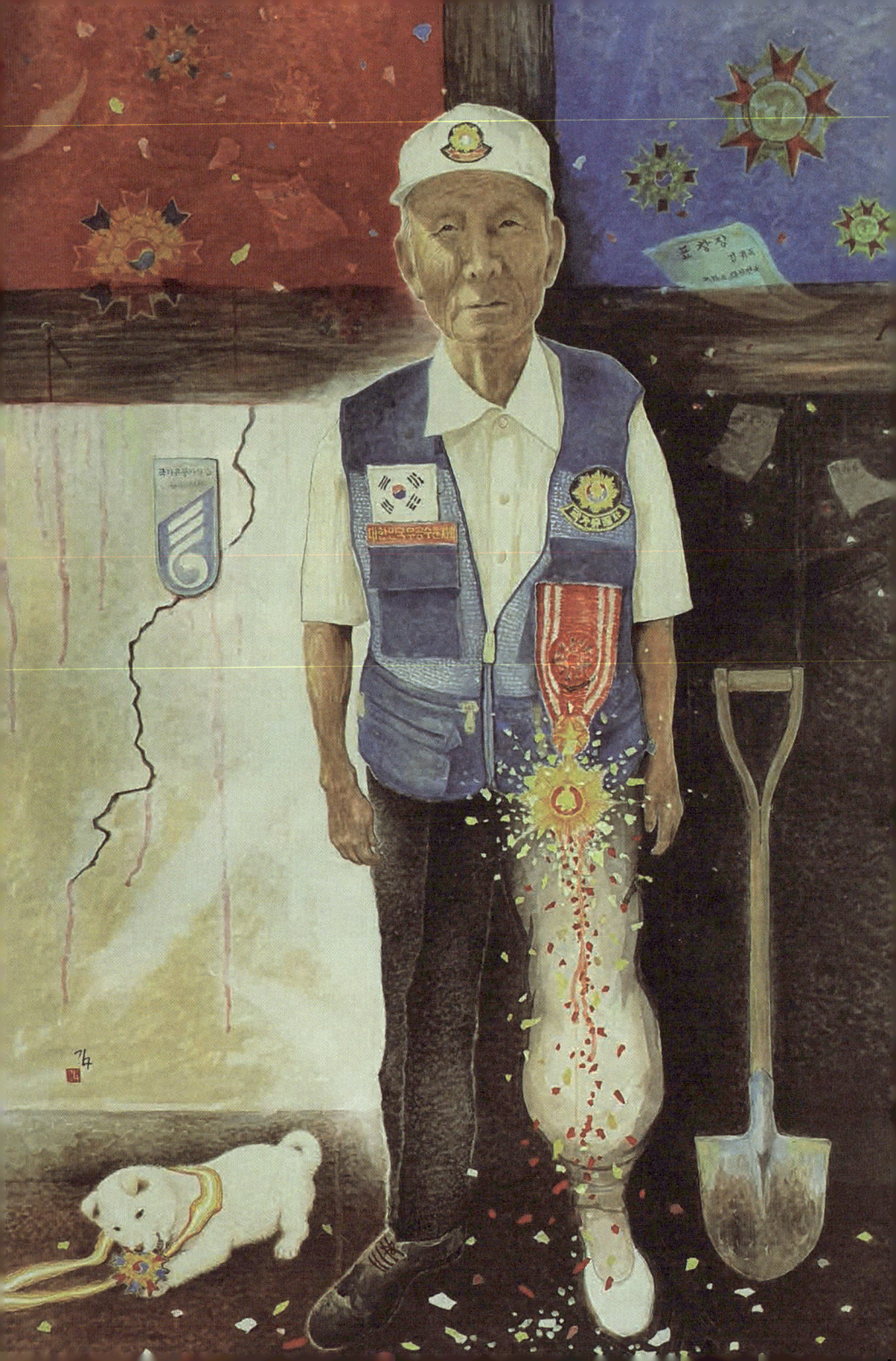

장욱진 회고전을 보고

　　인간은 어느 순간 자신을 드러내기 위해 말을 시작했다. 말은 이미지를 탄생시켰고
　　이미지에 이어 문자가 만들어졌다. 이미지나 문자의 특징은 말과 다르게 사라지지 않고 저장할 수 있다는 점이다. 이런 사실은 고대 알타미라 동굴 벽화나 라스코 벽화, 세계 곳곳에 있는 원시 미술이나 우리나라 반구대 암각화를 보면 알 수 있겠다. 당시 그림은 동물이 주를 이루고 사냥하는 모습이 등장하는 것으로 봐서 개인보다는 공동체의 언어, 정신을 표현했다 하겠다. 즉 함께하지 않고는 생존조차 힘들었던 인간의 삶은 원시 시절부터 사회성을 지녔다 할 것이다.

　　그림을 그리는 화가라면 늘 '무엇을 어떻게 그릴까'를 고민한다. 여기에서 무엇이야말로 가장 중요한 키워드

아버지, 112X162cm, 한지 먹 채색, 2021년

일 것이다. '무엇'은 대상인 동시에 작가의 생각이기 때문이다.

'무엇'이 정해져야 따라오는 것으로 '어떻게'가 있겠다. 여기서 '어떻게'는 표현 양식으로 현대 미술에서는 그 주목도가 남다르다.

얼마 전 장욱진 회고전(가장 진지한 고백)을 보았다. 이번 작품은 오래전부터 이곳저곳에서 자주 접했던 이미지였지만 그의 작품을 나름 주제랄까 시기별로 정리한 전시라 찾게 되었다. 주제를 '고백'으로 정했는데 첫 번째 고백 제1 주제는 '나 자신의 저항 속에 살며'이고 두 번째는 '발상과 방법:하나 속에 전체가 있다.' 세 번째 '진진묘'. 네 번째는 '내 마음으로서 그리는 그림'으로 기획되어 있었다.

장욱진의 작품은 자신 안에 내재하여 있는 사유로 주로 표현되는 이미지는 작가 눈앞의 대상물이다. 산이요, 나무요, 마을이요, 그리고 해와 달 그곳에 사는 사람, 날아다니는 새, 까치가 주된 기호다. 강아지도 있다. 사회

현상이나 그곳에 존재하는 갈등이나 역사성 그리고 사변에는 관심이 없어 보인다. 즉 작품세계를 구축하는 데 있어 철저히 대상이 갖는 소박한 본질 그들이 서로 연결되며 구성하는 우주관이다. 최소화되고 동화적이며 사물은 단순화된다. 덕분에 그 대상과 대상 사이 빈 곳이 생기는데 그곳이 독자의 몫이 된다.

장욱진 미술이 갖는 힘은 독특한 화면 구성과 그동안 우리 미술에서 보지 못한 작가만의 조형성을 구축한 것이라 할 수 있겠다. 서사보다는 서정이요 사회보다는 개인이고 외화보다는 내화된 미감이다. 이를 알 수 있는 것이 69년도에 쓴 (저항, 동아일보) 그의 글에 잘 나타나 있는데 '나의 경우도 어김없이 저항의 연속이다. 행위[제작 과정]에 있어서 유쾌할 수만도 없고 소재를 다룰 때 기교에 있어 재미있게 나왔다 해도 결과[표현]가 비참할 때가 많다. 이렇다 보니 나의 일에 있어서는 저항의 연속이 아닐 수 없다…. 일상 나는 나 자신의 저항 속에 살며, 이 저항이야말로 자신의 존재라고 생각하고 있다.'고 썼다. 2차 세계대전이 끝나고 적당히 세월이 흐른1960년대는 세계사적으로 저항의 시대였다. 프랑스에서는 68혁

명이 있었고 체코 프라하의 봄도 있었다. 비틀스가 활동했으며 우리나라는 군사쿠데타와 월남파병이 있었다. 2차 세계대전 후 일어난 세계사적인 현상을 목도하고 알았을 화가 장욱진은 시대의 언어였던 저항을 마치 변명처럼 자신의 작업 내면 갈등을 설명하는 데 사용했다.

또한, 1967년 신동아에 기고한 '예술과 생활'이란 글에서 '자기의 생활은 자기만이 하며~~ 창작 생활 이외에는 쓸데없는 부담밖에는 아무 소용이 없는 것이다. 마치 승려가 속세를 버렸다고 해서 생활을 버린 것이 아니라 오히려 부처님과 함께하여 그 뜻을 펴고자 하려는 또 하나의 생활이 지워진 것과 같이 예술도 그렇듯 사는 방식임에 지나지 않으리라.'라고 작가관을 밝혔다. 작품은 철저히 자신과 자신의 싸움이며 예술은 득도의 경지와 통한다는 삶의 세계다. 즉 사회의 현상보다는 자신의 내면을 깊이 들여다보며 조형성을 고민한 작가라 할 수 있겠다. 이는 이어진 전시 작품에 그대로 반영되어 있다. 결론적으로 오랜 작업 끝에 이룬 장욱진만의 이미지는 우리 미술의 큰 자산이 됐으며 박수를 받을 만한 성과인 것은 분명한 사실이다.

하지만 장욱진의 회고전을 보고 나서 드는 생각이 있다. 박수근, 이중섭, 김환기 등등 당대 최고라 배웠던 대부분 작가의 작품세계는 왜 하나 같이 '사회 현실과 유리되어 있는가'이다. 그런 면에서 앞서 기술한 '과연 무엇을 그릴 것인가'를 다시 소환해 보게 되는 것이다. 그들이 몸소 겪은 삶에는 일제강점기도 있었고 끔찍한 전쟁도 있었다. 하지만 그들의 작품에는 그런 모습이 거의 없다. 커다란 슬픔도 분노도 끔찍한 아픔도 드러나지 않는다. 그림은 결코 우리의 삶과 분리될 수 없다. 원시 미술이 그랬고 고구려 벽화가 그랬으며 조선 시대 풍속화가 그랬다. 과연 그들은 어디에 있었는가? 굳이 이육사 윤동주 이상화 같은 문학인을 소환하고 싶지는 않다. 이 질문이 계속 맴도는 것은 나만의 생각일까. 그나마 힘들게 찾는다면 동시대 작가로 이쾌대가 있겠다. 이쾌대 하니 떠오르는 일화가 있다. 백자 그림만 잔뜩 걸린 도상봉의 전시를 보고 와서 이쾌대는 "그림은 참 잘 그렸지만, 이런 시절에 어떻게 도자기만 저렇게 그릴 수 있는지 이해가 가질 않는다" 했단다.

2023년 겨울

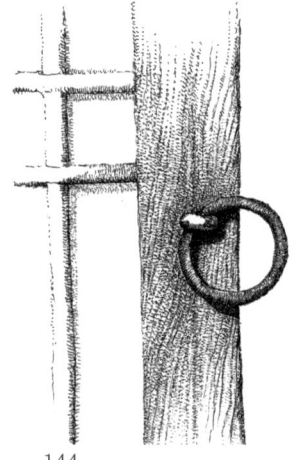

새우 그림

　　동양화라 불리다 한국화로 부르기도 했던 전통회화에서 문인화는 서양회화의 드로잉이나 크로키와 유사한 면이 있다. 하지만 문인화는 대상을 통해 작가의 생각을 좀 더 구체적이고 확실하게 드러낸 점이 다르기도 하다. 특히 그림과 함께 써 놓은 글은 작가의 당시 감정을 잘 드러낸다.

　　오랜만에 시내 친구 사무실에 들렀다. 낯익은 새우 그림이 보였다. 내 그림이다. 생각해 보니 십여 년 전에 세운상가에 있던 친구에게 그려줬던 작품이다. 작은 영업장 겸 사무실이 유난히 삭막하고 쓸쓸해 보여서였다. 그 친구는 어느 날 갑자기 낙향했다. 아마 그때 지금 친구에게 주고 간 듯하다.

난 사군자를 그리지 않는다. 어린 나이에도 사군자는 과거의 사상이요 생각이지 지금 시대와는 안 맞는단 생각을 했었다. 새우는 김포와 강화도 사이 염하에서 어린 시절 많이 보아왔다. 또한, 저수지에는 징거미라 불리는 민물새우도 많았다. 중국 제백석 화백의 새우 그림을 보고 그 생동감에 감명을 받았던 나는 홀로 수없이 연습하여 어느 순간 겨우 형태만 그려내는 수준이 되었다. 다행히 주머니가 늘 허전한 화가는 그걸로 가끔 마음을 전할 수가 있었다.

하지만 그림 옆에 같이 써넣은 글이 늘 부끄럽다. 세상을 넓고 깊게 이해하고픈 마음은 여전한데 요원하니 말이다.

2018년

새우, 33X70cm, 화선지 수묵, 2008년

몸 작으나 수영길에
세상 보기를 넓고 깊게 하니
작은 거인 여기있네

이천 팔년 가을 철미

화가의 우울증

나이 들수록 우울한 감정을 느끼는 경우가 많다. 그럴 때 말 잘 통하는 지인과 술잔을 기울이며 자신이 쌓아온 경험치, 즉 지식이나 정보를 서로 배설하며 치유하기도 한다. 이때 세상을 논하며 울분을 뱉어내기도 하고 슬쩍 자기 자랑을 얹어 인정욕구를 해소하기도 하는 것이다.

하지만 오래도록 우울한 때도 있는데 나의 경우는 대부분 작품이 제대로 안 그려질 때이다. 처음 의도한 이미지와 그려지는 작품의 공통분모가 제대로 드러나지 않을 경우다. 심하면 그대로 밀고 가느냐 뜯어버리고 새로 시작하느냐의 갈등까지 유발한다. 주로 진행되는 이미지에 파묻혀 갈 길을 못 찾는 경우인데 이때는 심하게 부족한 재능을 탓하며 자괴감이 드는 것이다. 그렇지만 정도 껏 시간이 지나 바라보던 화판에서 다시 느낌이 오고 꺼져가던 창작 욕구가 되살아나면 우울증은 깨끗이 사라진다. 원하던 이미지로 다가설 수 있다는 가능성이 보이기 때문이다. 이때 작품은 다시 옷을 입는다.

순간순간 챙기지 못하고 흘려보낸 이미지가 그 얼마던가? 그들은 영원히 사라졌다. 메모장을 들추거나 기억을 되살려낸다 해도 그때와 또 다른 존재일 뿐이다. 심상이나 사유를 통해 만난 수많은 이미지는 낚시꾼이 고기 잡듯 순간 챙겨야 한다. 낚싯바늘의 날카롭고 번득이는 미늘처럼 화판에 점이라도 찍어놔야 한다. 줄이라도 그어 놔야 한다.

타인의 작품을 바라보면 쉽고도 쉽게 참으로 잘도 그렸구나 싶다. 부자로 잘사는 사람을 보면 돈도 참 쉽게 잘 버는 것처럼 보인다. 하지만 과연 그럴까? 아침까지도 맑던 하늘에 비가 내리고 있다. 이 또한, 그저 쉽게 내리는 것이 아닐 것이다. 더운 바람과 찬 바람이 치열하게 부딪치고 습도와 기압이며 온도까지 많은 것이 어울려 조화를 이룬 결과다. 세상에 변화를 불러 올 봄비 아닌가! 화가의 작품도 마찬가지지 싶다.

2022년

화수분

요즘 정가에서는 재난 지원금을 놓고 화수분 논쟁이 한창이다. 화수분은 아무리 써도 마르지 않는 샘 같은 항아리를 뜻한다. 하지만 나에게 화수분은 학창시절 입시공부로 설핏 읽었던 단편소설이 생각날 뿐이다. 전영택 선생의 작품 <화수분>은 가난한 사람들 이야기 그리고 죽음이 떠오른다. 자세히 줄거리가 떠오르지 않아 오늘 일부러 찾아 다시 읽어 보았다.

글에는 행랑채에 세 들어 사는 부부와 딸자식 둘, 네 식구 이야기가 나오는데 행랑아범이 화수분이다. 가족은 상상하기 힘든 가난에 치여 산다. 어느 날 가난으로 큰딸애를 잘 길러 시집 보내 준다는 강화사람에게 어쩔 수 없이 맡기고 온 아내 이야기를 듣고 통곡하는 화수분이

귀가, 45X53cm, 한지 먹 채색, 2012년

다. 내가 보기엔 그 울음 속에는 가난, 죄책감, 가장의 무게, 생명의 원초적 질문까지 품고 있다.

지게 품팔이로 힘들게 살던 화수분은 다쳐 농사일을 못 하는 양평 형님의 추수를 도와주러 갔지만 돌아오지 못했다. 이제나저제나 쌀이라도 한 줌 지고 오기를 기다리다 지쳐 살길이 막막한 부인은 막내 옥분이를 데리고 남편 있는 양평을 찾아 나선다. 알고 보니 화수분은 형님 댁에서 그간 몰아치기 일에 지쳐 앓아누웠다가 돌아오지 못했던 상황이었다. 서울 집주인이 대신 써 보낸 기별 편지를 받고 아내를 되찾아 나왔다가 눈보라 치는 길가 소나무 아래에서 애를 안고 웅크린 채 얼어 죽어가던 부인을 만난다. 반갑고 서러웠지만 인가가 없는 곳에서 밤새 서로 부둥켜안고 말을 잊은 채 추운 날씨로 얼어 죽은 것이 소설의 결말이다.

소설의 마지막은 이렇다.

'이튿날 아침에 나무장수가 지나다가, 그 고개에 젊은 남녀의 껴안은 시체와 그 가운데 아직 막 자다 깨인 어린애가 등에 따뜻한 햇볕을 받고 앉아서, 시체를 툭툭 치고 있는 것을 발견하여 어린것만 소에 싣고 갔다.'

소설은 1925년 작품인데 나라를 잃고 지내던 가난한 백성의 슬픈 자화상이다. 이 작품의 주인공 화수분은 열심히 살았으나 가난했다. 지게 품팔이로는 식구들을 먹여 살릴 수 없는 환경이었다. 일하려는 의지가 없는 것이 아니었다. 당시 어려운 환경에서 밀려난 삶인 것이다. 낙오자는 이렇게 사회구조로부터 만들어진다. 인간 의지와 무관한 것이다.

이 소설을 끌고 가는 화자는 가난의 진솔한 모습을 누구보다 깊이 직시했지만, 객관적 시선으로 일관하며 독자의 생각을 불러일으킬 뿐이다. 모든 것이 개인의 책임일까. 이 부분에서 국가의 존재 이유가 떠오르는 것이다.

곳간에 싸 놓은 재물은 아껴 써야 한다. 하지만 재정은 어려울 때 쓰려고 아끼는 것이 아닌가. 지금보다 더 어려운 재난 상황이 또 있을까. 가난을 말로만 아는 관료는 기재부가 화수분이냐고 강변한다. 그대는 가난이 뭔지

진정 아는가. 소설 주인공 화수분의 마음을 이해하는가. 공무원들은 국어사전에 나오는 화수분을 말할 것이 아니라 소설 화수분의 주인공 화수분을 말했어야 했다. 개인의 슬픔이 오롯이 개인의 것으로 자리매김한다면 국가의 존재 이유는 없는 것이다.

빈수레 앞세우고, 53x45cm, 한지 먹 채색, 2009년

기재부가 관리하는 재산은 국민이 만들어 준 것이다. 국민을 위해 쓰려고 쌓아 놓은 재화다. 그것을 무제한 쓰자는 것이 아니다. 계획해서 쓰자고 해서 만든 것이 기획재정부 아닌가. 돈은 잘 써야 한다. 좀 더 시간을 가지고 견뎌봐야 하는 것 아닌가 생각하는 사람이 있다면 그대는 아직 여유 있는 사람이다. 논외의 존재일 뿐이다.

부부는 얼어 죽고 사실 부인 뱃속에는 또 아기가 있었다. 가난에 큰딸 귀동이를 강화로 보내고, 부모 체온으로 살아남은 막내 옥분이는 나무장수가 걷어 살리는 사회라면 국가는 존재가치가 없다. 슬프지만 소설의 무대는 나라를 빼앗긴 시절이었다. 하지만 지금은 주권국가 대한민국이 있지 않은가.

2021년 1월

노동자

숙련된 공장노동자가 된다는 것은
제대로 박히는 나사못이 되었다가
잘 조이고 풀 수 있는 멍키 스패너가 되었다가
때맞춰 정확히 서다 가는 타이머가 되는 일이다
그러다가 어느 순간 기계와 말을 나누고
내가 기계인지 사람인지 모르는
경지를 경험하는 것이다.

작업실 근처에 있는 동생 공장에서
아르바이트를 시작한 지 1년이 되니 드는 생각이다.

하루 4시간 정도
화구 값도 벌고 일도 도와주는 개념이었지만

세상일이 그렇듯 적당히 해서 되는 일은 없다.

기계와 혼연일체가 되어야 하고
생산 공정에 몸과 마음을 실어야 한다.
볼트 너트 하나라도 자기 몫을 하지 못하면
커다란 공장도 바로 멈춘다.

세상도 그렇다.

2018년

퇴짜를 즐겨도 된다

"퇴짜 맞았어, 우리"

이 선생이 갑자기 정색하며 말했다. 식사 후 찾은 커피 가게. 카페 주인쯤 되어 보이는 청년이 들어서려는 우리를 막고 자리가 없다 할 때만 해도 그런 줄 알았다. 빈자리가 있었던 것 같은데. 결국, 우리 일행은 다른 카페를 찾아가 차를 마셨다. 들르려던 곳은 젊은이를 위한 공간으로 독특하게 꾸며 놓은 모던한 카페였다. 머리가 희끗한 남정네와 중년의 여인들이 들어와 떠들 땐 감당이 안 되었으리라. 내심 이해가 되었지만 돈 내며 이용하는 곳에서 거절당하는 경험은 낯설었다.

그러고 보니 태어나 퇴짜 맞은 것이 어디 한두 번인

가. 어린 시절, 축구를 잘 못 하던 나는 인원이 넘칠 땐 끼워주지 않았다. 서울로 와서 부모님과 방을 얻을 때도 아이들 수가 문제여서, 돈이 적어서 퇴짜를 맞았다. 나름으로 열심히 공부했지만, 원했던 대학에서 거절당한 것 또한 커다란 슬픔이었다. 그 뒤 살아오면서 이런저런 세상 인연이 멀어진 것도 알고 보니 서로에게 놓은 퇴짜의 일종이었다. 그들과 섞일 수 없는 나의 환경, 성격, 그리고 능력이 문제였으리라.

결혼 후 경제적으로 어려울 때였다. 아이들이 커가고 자그만 자영업으론 생활이 힘들었다. 평소 해왔던 그림으로 생활에 보탬이 된다면 더할 나위 없이 행복할 듯싶었다. 하지만 그림을 쉽게 그려 파는 행위를 혐오하던 나였다. 당시 유행하던 다방개업에 힘입어 사군자며 산수화를 기계적으로 그려 파는 사람이 많았다. 내 눈에 그들의 작업은 인쇄 기계처럼 보였다. 부족하지만 틈나는 대로 전국을 돌며 닦은 사생 덕에 산수화에 내 나름 화풍을 만들고 있을 때였다.

찬 바람이 불고 겨울이 가까이 와 있었다. 몇 날을 망설이다가 화선지 반 절짜리 다섯 점을 싸 들고 인사동을 나갔다. 평소 정성껏 그려놨던 그림들이었다. 들어선 거리에는 화방과 지필묵 가게가 연이어 있었지만, 막상 가게 문을 열고 들어설 용기가 나지 않았다. 괜스레 안국동까지 올라갔다 내려오기를 두어 차례. 모두가 나를 보고 '네 주제에 무슨 그림을 판다고.' 하며 비아냥거리는 것만 같았다. 이 가게 저 가게 다가섰다 물러서기를 몇 차례. 마른침을 꼴깍 삼키며 한 가게로 들어섰다.

"저, 그림 좀 팔아볼까 해서 왔는데요."

어렵게 주인장에게 말을 꺼냈다. 벽에는 이런저런 산수화, 화조화, 달마도 여러 폭이 집게에 물려 늘어서 있고 둘둘 말린 화선지며 필묵이 가득했다.

"어디 좀 봅시다."

두꺼운 안경을 쓴 중년의 주인장이 안경테를 만지며 말했다. 주인장은 넘겨받은 그림을 펼치더니 내 얼굴과 그림을 한 번씩 번갈아 바라보았다.

"이런 그림은 안 팔려요. 온통 황갈색에다 나무는 이파리 하나 없이 이렇게 앙상해서야."
"황량한 벌판에다 너무 쓸쓸해서 원."

저렇게 그려야 팔린다며 주인장이 지목한 그림은 푸른 숲과 나무, 반쯤 가려진 기와집. 산허리에는 안개가 자리 잡고 폭포가 쏟아지며 새들이 날고 강에는 낚싯배가 한가롭게 떠 있는 청록산수였다.

돌아서 나오는데 울컥했다.

'내 마음이 황량한데 어떻게 푸르게 그리나. 푸른 산은 와 닿지 않는걸.'

당시 세상을 보는 내 마음이 그랬다. 가난했으며 장래가 불투명했고 막연하지만 홀로 그림 세계를 엮어야 했다. 그래서인지 앙상한 늦가을 풍경이 늘 가슴 깊이 와 닿았다. 그날 맞은 퇴짜는 살면서 당한 그 어떤 거절보다도 가슴 아팠다. 창피하고 부끄러웠다. 슬프고 화가 났다. 왜 그림을 들고나왔지. 바보처럼.

"우와 여기 커피잔은 이렇게 예쁘네."

옮겨 앉은 카페에서 내온 커피를 담은 커피잔은 동백처럼 붉었다. 퇴짜 덕에 만난 아름다움이었다. 빨간 커피잔에 담긴 커피는 맛도 향기도 좋았다. 함께한 분들의 얼굴이 더 환해 보였다. 나이 때문에 밀려난 기분은 어느새 사라지고 없었다.

퇴짜 맞는 일은 순간 서운하지만 어쩜 또 다른 세상을 선물 받는 일이다. 그림을 팔지 못했기에 당시 흔한 상업작품에 매몰되지 않을 수 있었다. 축구 대신 배드민턴을 즐기며 건강을 유지하고 있다. 지나 보니 나에겐 모두 큰 선물이었다. 퇴짜는 스스로 만들 수 없는 새로운 길을 안내해 준다. 퇴짜를 즐겨도 되는 이유가 아닐까.

2016년

아름다운 가슴

내가 여성의 몸에 관심을 가진 것은 아마 사춘기 중학 시절쯤이지 싶다. 그림을 좋아했던 나는 미술책을 자주 들여다보곤 했는데 그때 처음 벌거벗은 여인을 보면서 창피하면서도 묘한 호기심이 생겼던 기억이 있다. 그 뒤 세계명화선 등을 보면서 멋진 누드를 자연스레 감상할 수 있었다.

그림책에는 아름다운 조각 작품 '밀로의 비너스' 사진도 있었고, 세 명의 여인이 전라의 모습으로 포즈를 취한 '라파엘로'의 '삼미신', 조개껍질 가운데 알몸의 여인이 서 있는 '산드로 보티첼리'의 '비너스의 탄생'이란 작품도 있었다. 모두 아름다운 여인의 모습인데 결국 내 시선의 종착점은 여인의 젖가슴이 되곤 하였다. 손으로 가리고 슬쩍 덮었으나 여성의 가슴은 노출된 경우가 많아

누드화의 미적 마무리는 부드러운 곡선에 더해 생명의 상징인 젖가슴이 아니었나 싶다.

그 뒤 사실적인 묘사가 특징인 화가 '장 오귀스트 도미니크 앵그르'의 작품에 반해 그의 팬이 되기도 했었다. 벗은 여인이 등을 보이고 침대에 누워있는 '오달리스크'라는 작품이 있는데 너무 고운 표현에 한동안 정신을 놓았었다. 특히 이 작품은 가슴이 살짝만 보여 더 많은 호기심을 불러일으키는 묘한 힘이 있었다. '샘'이라는 작품은 전라의 처녀가 정면을 응시하며 항아리의 물을 흘리고 있는 그림인데 꿈에서도 보일 지경이었다. 지금 생각해 보아도 균형 잡힌 여인의 젖가슴은 가슴 성형 의사의 표준모델이 되고도 남을 성싶다.

더불어 기억에 남는 작품은 '에두아르 마네'의 작품 '올랭피아'가 있는데 침대에 누워있는 여인의 모습과 꽃을 들고 있는 흑인 보모의 모습이 보이는 그림이다. 이 그림은 여인이 목에 리본 목걸이를 한 관능적인 모습의 누드 그림으로 젖가슴도 유달리 크지 않고 마른 듯한 모습으로 색다른 느낌이었다.

화가 '르누아르'의 누드 그림은 살 오른 여체를 즐겨 그린 그답게 작품 속 여성의 젖가슴 역시 풍만하였다. 손으로 살짝 건드리면 우윳빛 수액이 나올 듯한 탄력 있는 백색 피부를 보며 어떤 색을 어찌 섞어 썼을까 궁금해했었다.

'피카소'의 '아비뇽의 처녀들'이란 작품도 보았으나 가슴이 평면화되고 해체되어 별 느낌이 없었다. 후에 입체파 화가답게 상징으로 처리한 젖가슴은 나름의 생각과 감동의 여지가 있었지만, 사실적 표현과 다른 느낌이었다.

생각해 보니 우리 전통회화에도 누드가 있었다. 조선시대의 춘화에는 벌거벗은 남녀의 모습이 노골적으로 그려져 있다. 어느 땐가 인사동 골동품 가게에서 슬쩍 보았던 기억이 있다. 그렇지만 역시 평가할만한 그림은 '혜원 신윤복'의 풍속화 '단오풍정'이 아닐까. 목욕하는 여인이 젖가슴을 내놓고 있는 모습을 스님 둘이 훔쳐보는 장면이 압권이다. 우리 그림 속에 등장하는 손가락 꼽을만한 멋진 젖가슴이다.

그리고 조선 말기 초상화를 잘 그린 '석지 채용신'의 '운낭자이십칠세상'이란 초상화가 있는데 어머니가 아이를 안고 있는 모습으로 저고리 밑으로 젖가슴이 보이는 그림이다.

또 구한말 '기산 김준근'의 풍속화에도 아낙이 저고리 밑에 젖가슴을 내놓고 일하는 모습이 등장하는데 당시에 유행하던 섶이 짧은 저고리와 아들 낳은 아낙이 과시용으로 젖가슴을 내놓았던 습속을 놓치지 않고 사실대로 그린 것이라 한다. 이렇듯 나의 누드 섭렵은 그 흔한 플레이보이지나 빨간 잡지가 아닌 고급명화에서였다. 그 뒤 시간이 흘러 전시장에서 수많은 화가의 누드 그림을 쉽게 감상할 수 있었다. 예술작품 속 여성의 젖가슴은 모두 아름답다.

그림으로서가 아니라 실제 누드를 자세히 보고 그릴 기회도 있었는데 누드크로키를 공부할 때였다. 첫 시간, 실물누드를 본다는 괜한 흥분과 기대감으로 적잖이 긴장했던 생각이 난다. 하지만 의외로 균형 잡힌 몸매와 아름다운 가슴을 가진 모델을 보면서도 엉뚱한 생각은 들지 않았다. 정확한 묘사를 위한 철저한 관찰과 손놀림만 남아있을 뿐이었다.

 몇 년 전 삼복더위가 기승을 부리던 여름날이었다. 시골 외갓집을 들렀는데 외할머니께서 젖가슴을 훤히 들어낸 채 부채질을 하고 계셨다. 미수를 넘기신 할머니의 가슴은 축 늘어져 빈 주머니처럼 달려 있었다. 그 모습을 본 나는 적잖이 당황했으나 할머니는 외손주를 태연하게 대하셨다. 할머니와 이야기 중에도 내 눈은 나도 모르게 연신 할머니의 가슴을 향했다. 부채질 따라 흔들리는 처진 젖가슴은 주름져 처량하기까지 하였다.

 저 가슴으로 우리 어머니도 보듬고 젖을 먹였으며 그 많은 자식을 키우셨다. 자식에게 줄 수 있었던 할머니의 확실한 사랑은 바로 저 젖가슴이 아니었을까. 이제는 다 내어주고 쭉정이처럼 처진 할머니의 젖가슴. 그동안 보아왔던 그 어느 예술가의 작품보다 감동적인 작품이 눈앞에 있었다.

2010년 여름

댑싸리 빗자루

어릴 적 아침에 일어나면 할아버지께선 마당을 깨끗이 쓸어 놓곤 하셨다. 그 뒤 국민학교시절에는 내가 대신 마당을 쓸곤 했는데 무겁지 않고 슬슬 잘 쓸리기론 댑싸리 빗자루만 한 것이 없었다. 비, 하면 싸리비가 있고 대나무 비가 있지만, 김포에는 대나무가 없어 주로 싸리비를 베어다 엮어 썼다. 하지만 댑싸리처럼 가벼우면서 부드럽게 흙 마당을 달래듯 청소하는 빗자루는 없지 싶다.

어제 비가 흠뻑 와서 밭에 나가 보았다. 엊그제 심은 고추모는 비를 맞아선지 오줌 마려운 사내아이 고추처럼 바짝 선 것이 기특했다. 이제 자랄 일만 남았다고 아우성 치는 것이 어린이날 신이 난 꿈나무 아이들 같다. 그런데 밭 이곳저곳에 댑싸리가 솟구쳐 있었다. 잡초라 생각하여 쑥쑥 뽑아 버릴 수도 있었으나 어릴 적 생각이 떠올라 모종을 하였다. 가을이 되면 잘 자란 놈은 마당 비로, 덜 자란 놈은 작업실 청소비로 엮어 보리라.

요즘은 플라스틱 비, 갈대 비. 대비에 싸리비, 비도 수많은 종류가 있지만 이제 비질할 일이 갈수록 적어지는 세상이 되었다. 마당 청소에 대나무 비는 탄력 있게 탁탁 튀며 썩썩 소리 내며 쓸리는 것이 왜 이리 더럽냐고 야단치는 것 같고, 싸리비는 점잖게 꾸짖는 것 같다. 반면, 댑싸리비는 머리 쓰다듬으며 조곤조곤 달래는 것처럼 마당을 정리한다.

플라스틱 비는 이야깃거리가 안된다. 다 쓰고 나면 환경 쓰레기가 되니 말이다.

이제는 세상이 바뀌어 로봇이 청소하고 길도 청소차가 지나가며 쓸고 닦는다. 어린 시절 '동창이 밝았느냐?' 하며 대문 활짝 열고 뛰어나가 마당 쓸던 시절이 그립다. 쓸고 나서 훤한 마당을 보면 흐뭇하고 할아버지 칭찬받는 것도 마냥, 즐거운 일이었다. 이제 나만의 기억으로 남은 아련한 추억이지 싶다. 그나저나 아직 밖에는 봄비가

추적추적 내리고 있다. 아주 작은 털 비. 붓 들어 그림 그
릴 시간이다.

2024년 봄

자화상

　사람은 자기 얼굴을 제대로 볼 수 있을까? 우리가 상대를 바라보면서 내 얼굴은 어떤 모습일까? 늘 궁금했을 것이다. 어느 순간 수면에 비친 자신의 모습을 본 첫 경험은 얼마나 놀라웠을까! 또 다른 세계를 만나는 경이로운 순간이었을 것이다. 하여 인간은 자신의 모습을 언제든지 비추어 볼 수 있는 거울을 만들었다.

　그렇다면 거울에 비친 모습은 진정 나의 모습일까? 생각해 보자 진실로 믿었던 모습 또한 반사된 허상이고 더군다나 좌우가 바뀐 형상 아닌가. 요즘 유행하는 셀카를 비롯해 카메라를 통해 찍힌 얼굴 또한 기계를 통해 걸러진 또 다른 허상일 뿐이다.

인간은 자신의 눈으로 결코 자신을 볼 수 없는 존재다. 역설적으로 자신 속에 자신의 눈이 들어있기 때문이다. 해서 자화상을 그린다는 것은 자신이 아닌 또 다른 자기의 모습을 그리는 행위일 뿐이다. 수많은 화가의 자화상은 스스로 믿고 싶었던 작가의 얼굴이지 결코 그 자신의 모습을 그린 것이 아니라는 말이다.

내가 나를 잘 안다는 것은 거짓이다. 인간은 스스로 자기를 속이고 있을 뿐이다. 마치 화가가 자화상을 그려놓고 나의 모습이라 우기는 것처럼. 인간은 자신이 누구인지 모르는 불완전한 존재다.

2015년

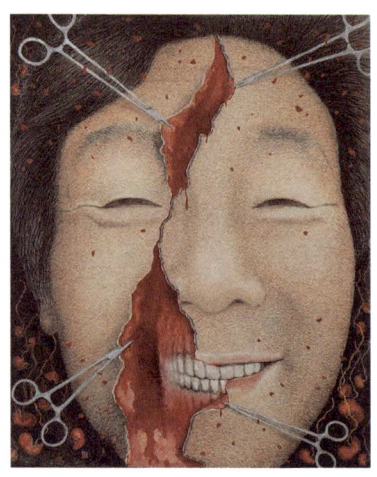

자화상, 71X91cm, 한지 먹 채색, 2018년

완산 이 씨 할머니

새벽 4시, 핸드폰 알람이 울렸다. 옷을 주섬주섬 입고 차를 몰았다. 안동으로 시제를 지내러 가기 위해서였다. 일요일이라 그런지 새벽인데도 고속도로에는 차가 많았다. 차선을 바꾸자 내가 달리던 곳으로 어느새 다른 차가 들어서 달렸다. 길을 따라 차들이 달리듯 시간 속을 이어져 온 생명의 줄기. 그 끝에 현재의 내가 있다. '중앙고속도로'에 접어들자 사라진 어둠 사이로 멀리, 해가 떠올랐다. 백두대간의 산들은 어느새 화려한 색을 모두 내려놓았다. 회갈색 능선이 끝없이 남으로 뻗어 내리고 있었다.

약 400여 년 전 조선 인조 때였다. 어느 봄날 문경 새재를 넘어 한양으로 향하는 젊은 선비가 있었다. 걸음걸이가 지쳐 보였다. 안동을 떠나온 지 나흘째, 고개를 넘느라 힘들기도 했겠지만 사실 허망함 때문이었다. 신혼의 단꿈도 잠시, 아내는 시름시름 앓다가 자식도 두지 못한 채 병으로 세상을 떴다. 왜 이런 일이 일어날까. 하늘이 원망스러웠다. 홀로 남은 집은 여기저기 아내의 흔적이 보여 견디기 힘들었다. 탈상을 마치자 부모님께 허락을 구하고 방랑길을 나섰다. 위로 두 형님이 계시니 그나마 다행이었다. 한양까지는 아직도 사나흘 거리. 산에는 신록이 돋아나고 진달래, 생강나무, 산벚꽃이 흐드러졌지만, 마음은 처량하기만 했다. 젊은 선비는 아내의 환한 미소와 병들어 죽어가던 파리한 모습이 겹쳐지자 몸서리를 쳤다. 한양에 가서 친구라도 만나 슬픔을 가누고 싶었다.

이 이야기는 우리 집안에 전해져 오는 말과 문서를 가지고 정리해 본 것이다. '새재'를 넘던 젊은 선비는 나의 14대 할아버지이시다. 병으로 돌아가신 부인은 완산 이 씨 집안 분으로 나에게는 큰할머니가 되신다.

나의 탄생 계보에 궁금증이 많았다. 호기심은 20대에 알렉스 헤일리의 소설로 만든 영화 '뿌리'를 보고 더욱 커졌지만, 그 답은 부모님과 할아버지 할머니, 김포에 터를 일구신 증조부 그리고 강화에 사시던 고조부까지였다. 어른이 되어 족보를 읽고서야 집안 내력을 어렴풋이 알게 되었다. 충청도 '청풍'이 본향인 조상은 그 일파가 안동에 뿌리를 뒀으며 다시 강화도와 김포에 자리 잡은 사실까지. 안동과 강화도는 멀고 먼 길, 어쩐 연유로 안동을 떠났을까. 궁금했다. 그 이유는 완산 이 씨 할머니의 죽음이었다. 결혼 초 할머니의 갑작스러운 죽음은 많은 사람을 힘들게 했다. 상심한 할아버지는 고향을 등졌으며 방황 끝에 정착한 곳이 강화도였다. 결국, 그곳에서 우리 집안이 다시 터를 일궜던 것이다. 안동에는 직계로 23위의 조상님이 계셨다. 난 오늘 그중 한 분 완산 이 씨 할머니를 뵙고 싶었다.

대구에서 올라온 집안 어른들과 합류했다. 선산을 찾았다. 일일이 산소마다 예를 갖춰야 했지만, 이제는 장소 따라 웃어른 묘에서 합동 분향을 했다. 이삼일씩 머물며 예를 받들던 전과 달리 당일로 모두 돌아가야 했기 때문이었다. 와룡면 '라소동'에 계신 여섯 분과 '우거곡' 열네 분에게 인사를 드렸다. 이제 후동면 '미남리'의 세 분

만 남았다. 차를 몰고 이동하였다

가파른 산길을 오른 후 다시 골짜기로 내려가니 멀리 안동댐이 보였다. 저 물길 아래가 할아버지가 사시던 마을이었다. '미남리' 작은 마을에 차를 정차한 후 제수를 나눠 들고 산을 올랐다. 산이 깊었다. 낙엽이 쏟아져 있는 길은 가파른 데다 몹시 미끄러웠다. 참나무 군락으로 이뤄진 숲은 어느새 앙상한 가지만 품고 있었다. 좌우로 날개처럼 펼쳐진 작은 능선 가운데 산등성이에 할머니의 묘가 홀로 있었다. 경사가 심한 산줄기 양지 녘이다. 오랜 세월 탓인지 넓게 퍼진 봉분은 나지막했다.

"돌아가셨을 때 상여가 오르기 좋게 저 아래부터 무명천을 깔았다지."
"땅이 질퍽한 이른 봄인데 상여꾼들 발에 흙 한 줌 안 묻혔다 하데."

문중 어른들의 자랑 섞인 말이 들렸다.

하지만 말씀은 귀에 안 들어오고 할머님의 외로움이

보였다. 자식도 없고 남편조차 고향을 등졌으니 얼마나 쓸쓸했을까. 시집와 친가에서도 잊힌 존재가 됐고 김씨 문중에는 피붙이 살붙이 한 점이 없었다. 몇 대에 걸쳐 추석이나 명절이면 그래도 찾아주는 일가가 있었지 싶다. 하지만 많은 세월이 흘러 누가 돌보아 줬겠는가. 이십여 년 전 우리가 찾기 전까지는 벌초도 제대로 되어있지 않았단다. 당신과 사별한 후 집을 떠나 일가를 이룬 남편의 자손이 400여 년이 흘러 이제야 인사 여쭙는 걸 아시기나 할까.

사라진다는 건 잃는 것이요 없어지는 것이고 눈에 보이는 것만이 가질 수 있는 것이요 존재하는 것으로 알았다. 완산 이 씨 할머니는 피 한 방울 섞이지 않은 나를 탄생시켰다. 그분의 갑작스러운 죽음으로 인해 오늘 내가 숨 쉬고 있는 것 아닌가. 제를 마치고 산등성이를 올려다보았다. 언제부터 있었는지 고라니 한 마리가 나를 바라보다 눈이 마주치자 능선 너머로 사라졌다. 바람 한 점 없고 사위는 죽은 듯이 적막했다. 나뭇잎이 다 떨어진 산중에 면은 죽고 선이 살아나 있었다.

2009년 가을

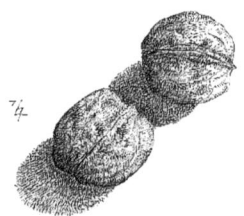

선술집에 걸린 그림

　　사람 사는 이야기가 들리고 우리네 희망도 한숨 소리도 녹아있다. 소위 예술을 한다는 꾼들이 모이는 선술집이다. 두 젊은 남녀가 서로의 눈빛을 바라보며 행복해한다. 빈대떡 한 장에 막걸리를 들이켜는 시인도 있다. 예술을 논하는 화가 곁엔 기타를 치며 흘러간 팝송을 부르는 사람도 있다. 함께 즐기다 보면 네 자리 내 자리가 따로 없다. 이런 분위기가 좋아서 퇴근 후 찾아와 저녁을 즐기는 직장인들도 많다. 이 모습을 바라보는 그림 한 점이 있다. 팍팍한 삶의 자화상처럼 전봇대에 덕지덕지 광고전단이 붙어있고 멀리 밤늦은 골목길을 한 남자가 걸어가고 있다. 가로등 불이 무심하다.

　　그림은 왜 그리나. 미술은 누구를 위한 예술인가. 예

술은 가진 자만의 전유물인가. 온갖 질문 속에 방황하던 20대였다. 진정한 예술은 일반 대중과 함께 살아 숨 쉬어야 한다는 생각을 가지게 되었다. 1985년, 광복 40주년이 되던 해였다. 강화읍 오일장 날을 택해 나는 판화와 그림 20여 점을 가지고 거리전시를 했다. 스스로 '광복 40주년 기념 거리 전'이라 명명했다. 평생 박물관, 미술관 나들이가 힘든 농부며 장꾼들을 위한 전시였다. 1년여에 걸쳐 작품을 준비했다. 고인돌 풍경, 농사일하는 모습, 화문석을 이고 장에 가는 여인 등. 강화도에서 살아가는 분들의 모습을 새기고 그린 작품들이었다. 장터로 가는 길목에 있는 학교 담장에 그림을 늘어놓거나 이젤을 이용해 작품을 전시했다.

결과는 참담한 실패였다. 작품 속의 주인공들은 자신이 그려진 그림을 바라볼 시간조차 없었다. 작품을 곁눈질해서 보거나 잠시 고개를 돌려볼 뿐 가던 걸음을 멈추지 않았다. 전시 자체가 낯선 데다 어서 장을 봐야 했고 빨리 돈을 벌어야 했다. 그나마 관심을 보인 사람은 서울서 내려온 몇몇 관광객들뿐이었다. 순수한 열정만으로 열었던 첫 전시는 20대 청년에게 충격과 커다란 좌절감을 안겨 주었다. 그날 나의 그림은 하찮고 낮은 존재일 뿐이었다.

세월이 흘러 예술 환경도 변했다. 전시하면 누구나 컬러 도록은 기본이고 그림을 핸드폰으로 받아 볼 수 있는 시절이 되었다. 그러나 여전히 생활공간의 미술은 턱없이 부족하다. 대부분의 전시는 출근 시간에 시작해서 퇴근 시간이면 끝나 버린다. 바쁜 일상 때문에 전시를 볼 수 없는 사람들을 위해 그림이 생활공간으로 가는 것은 좋은 일이다.

인사동에서 연합 전시를 끝낸 어느 날이었다. 평소 알고 있던 주점에 철수한 그림을 맡겼다. 평생 보관해도 좋으니 걸어 놓으라는 말과 함께. 전시가 끝나고 인연을 만나지 못해 화실로 돌아온 그림들. 포장된 채로 구석에 놓여있는 작품은 어쩜 작가의 영혼을 가둬 놓은 것이다. 보는 예술인 그림은 보는 사람이 있을 때 비로소 살아 숨 쉬는 것 아닌가?

오랜만에 인사동에 나갔다. 주점에 맡겼던 그림을 만

났다. 그림이 반듯하게 걸려 있었다. 주인장이 제일 좋은 자리라고 손가락을 치켜세웠다. 술 마시러 왔다가 그림을 보았다는 지인들의 연락을 몇 차례 받았으나 직접 찾아보기는 이번이 처음이었다.

"고상한 미술관은 아니지만 어때 지낼 만하니?"
"네 좋아요. 사람 사는 동네 같아요. 내가 품고 있는 행인을 자신인 양 바라보는 사람을 만날 땐 정말 행복해요."

이 말을 들으니 오랜만에 멀리 떠나 보냈던 자식을 만난 듯 반가웠다.

2018년

밤골목, 69.5X45cm, 화선지 먹 채색, 2014년

어디로 갈 거나?

　화가는 무엇을 그릴까? 어떤 그림이 과연 좋은 그림일까? 늘 고민한다. 하지만 쉽게 그 답을 찾기는 어렵다. 왜냐하면, 정답이 없기 때문이다. 아니 답이 너무 많기 때문이기도 하다.

　요즘 옛 그림들을 틈나는 대로 창고로 옮기는 중이다. 먼지를 쓰고 얼룩까지 배인 20대에 그린 그림을 발견했다. 붓으로 털고 보니 비닐 장판이 생기기 전 방바닥에 바르던 기름 먹인 한지에 그린 그림인데 제목은 <어디로 갈 거나> 이다.

이 그림은 80년대 초 시대 상황을 그린 것이었다. 군사정권이 들어서고 민주화 세력이 항거하던 대결의 시대였다. 싸움은 치열했다. 당시 젊은 나에게 비친 세상은 싸움은 싸우는 자만의 것이었고 언제나 그렇듯이 구경꾼은 늘 구경꾼일 뿐이었다. 함께 하지 않는 방관자에 대한 울분도 있었다. 누가 이기던 자신들은 그 결과에 맞추어 살면 된다는 것인가?

그림 중앙의 발가벗은 아이는 나 자신이자 한편 우리 민족의 모습이기도 했다. 아이 모습은 영양실조에 걸린 아프리카 아이들 모습에서 빌려왔다. 실제로 우리에게도 60년대에 손발은 마르고 배만 나온 아이들이 많았다. 거창한 계산이 있었던 것도 아니고 실제 바라본 현실을 친근한 선조들의 작품 이미지를 빌려와 재구성한 그림이었다. 과연 지금 우리는 어디로 갈 거나. 불안한 시절 격정의 표현이기도 했다.

난 이야기를 품은 그림을 좋아한다. 그림에서 작가의 마음이 읽힐 때 그림과 내가 하나가 된다. 그래서일까 습작기 시절에도 그림 속에 이야기를 넣고 싶어 했던 나를 본다. 물론 이런 생각은 지금까지 이어지고 있어 하고 픈 이야기가 없으면 그림을 그리지 못한다. 아무튼, 이 그림은 당시 젊은 화가들의 해방구였던 인사동 <그림마당 민>에서 전시가 되었다. 연합전이라 몇몇 작가들과 함께 전시 디스플레이를 막 마쳤는데 이 그림 저 그림 바라보던 한 선배가 내 그림을 칭찬해 줬다. 그분은 내가 보기에 병색이 완연했는데 파리한 몸에 기운이 없어 보였다. 그 뒤론 그 선배를 더는 볼 수가 없었다. 나중에 알고 보니 그분이 돌아가신 오윤 작가였다.

동굴벽화나 원시미술을 보면 알 수 있듯이 문자보다 먼저 탄생한 그림은 소통의 수단이 분명하다. 해서 그림에 이야기를 담을 수 있는 것이다. 하지만 나에게 가장 큰 비극은 이미지로 이야기를 풀어가는 방식을 아직도 제대로 모른다는 점이다. 어쩜 그 방법을 찾느라 지금까지 그림을 그리고 있는지도 모른다.

2015년

어디로 갈거나, 97X79.5cm, 기름한지 먹 연필, 1985년

예전 스케치북을 들춰 보니

제대 후, 그저 방바닥에서 뒹굴던 시절이 있었다. 갑갑하여 이유 없이 성냥개비를 꺾거나 쌓기도 하고 성냥 한 개비에 5개나 7개 얹어 드는 묘기도 부렸다. 어떻게 살아갈지, 무엇을 해야 할지 생각이 서지 않았던 그저 무료하고 답답하던 시절이었다.

꺾거나 쌓기도 싫증이 나고 심심하여 그려봤던 성냥 다섯 개비다.

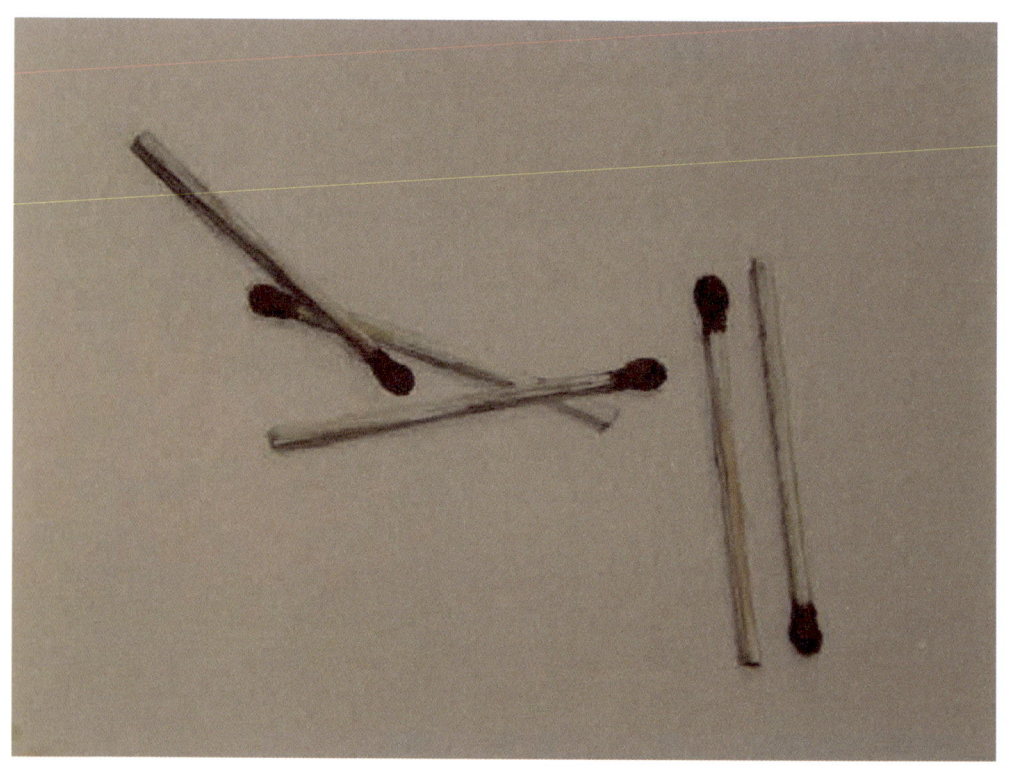

연필 소묘, 1981년

그려놓고 드러누워 천장만 멀뚱멀뚱 바라보다가 또 시간이 정지한 듯 무료해 두 개비도 그려봤다.

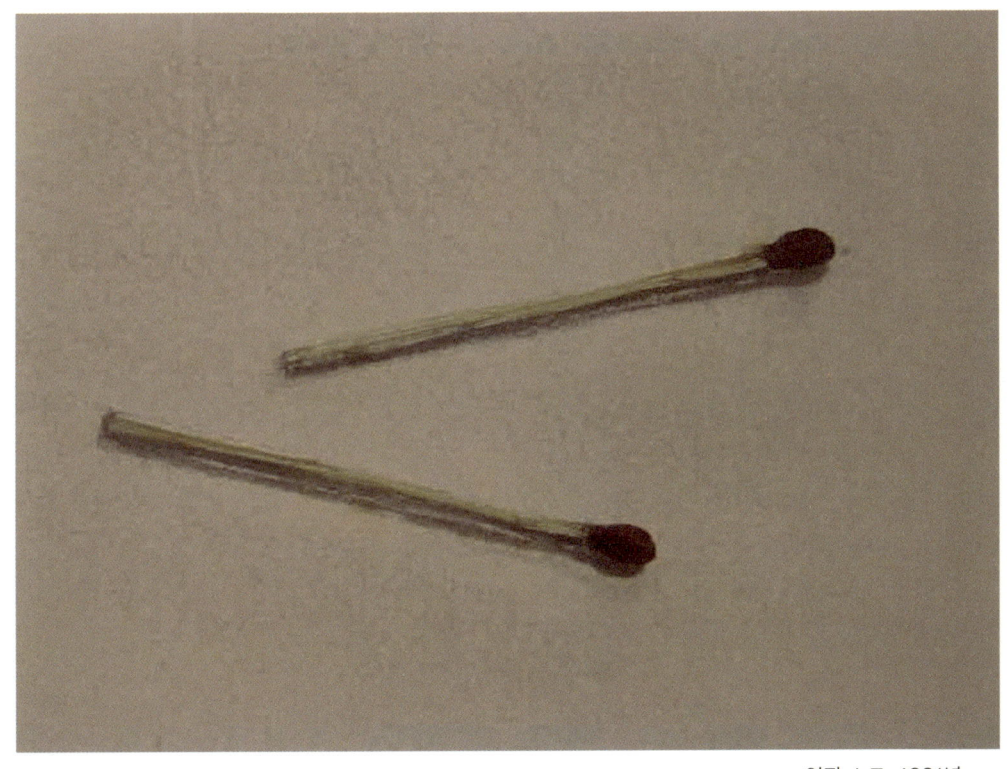

연필 소묘, 1981년

불을 붙였다. "화악"하고 환하게 타다가 차츰 불길이 내 손가락을 태울 듯이 달려들자
"후욱"하고 입바람으로 녀석의 목숨을 끊었다. 너의 열정은 여기까지야.

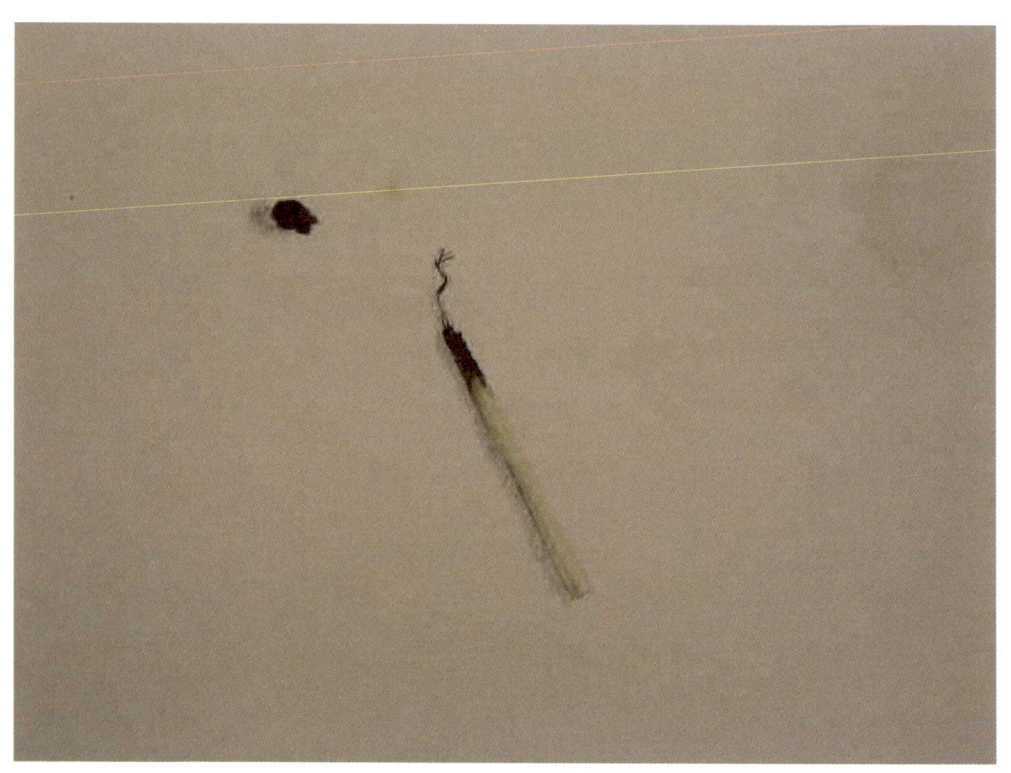

연필 소묘, 1981년

나는 불이 사라진 성냥개비조차 그대로 놔두지 않았다. 호되게 굴었다. 한순간이었지만 뜨겁게 살다 간 성냥개비 아닌가? 종이 위에 그으며 짓궂게 고문했다. 이유 없이 화풀이했다. 뜨거운 맛을 보여줬다. 성냥개비는 종이 위에 기다랗게 아픈 흔적을 남겼다.

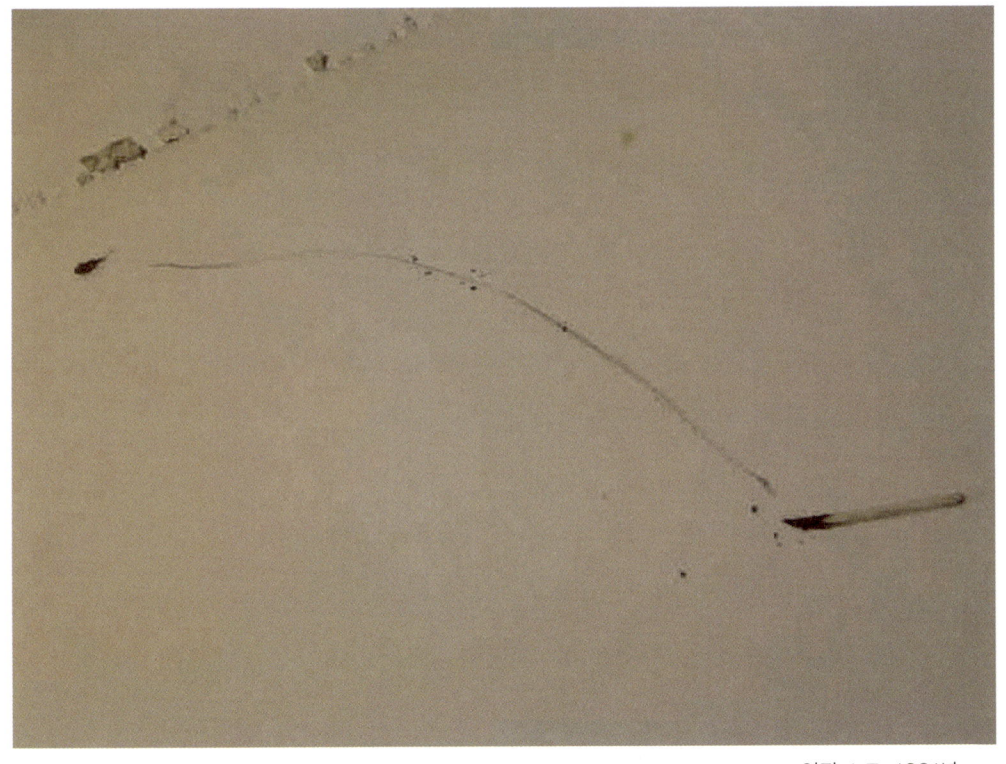

연필 소묘, 1981년

그때가 언제였는지! 왜 그랬는지! 알았다. 성냥개비를 학대한 모든 행동에는 이유가 있었다.

그 답은 성냥개비 소묘의 마지막 작품, 타다 만 신문지를 그린 그림에 있었다. 1981년은 영국 찰스 황태자가 다이애나비와 결혼한 해였다. 세계가 떠들썩했던 세기의 결혼식이었다. 영국 찰스 황태자 결혼식 키스 장면을 그린 작품에 내 심리가 숨어 있다. 질투였을까? 지금 보니 사랑을 그리워했던 나 자신의 심정 고백이 보인다.

성냥불로 일부러 태워버리려던 신문지 조각에 내 심리가 녹아 있다. 타들어 가던 신문지를 손으로 두드려 불을 껐다. 모두 태워버리려다 순간 두 사람의 모습만큼은 겨우 살렸다. 방에 자욱한 연기를 창 열어 내보내고 그 모습을 연필 들어 그렸던 생각이 난다.

당시 나는 장래가 불투명한 젊은이였다. 화가가 되고 싶었으나 자신감보다는 열등감에 휩싸여 있었다. 세상이 원하는 것은 하나도 갖추거나 갖지 못했다고 생각했다. 가야 할 길은 동등하지 않았고 출발점 또한 다르다는 것

연필 소묘, 1981년

을 깨달은 순간이기도 했다.

　이 그림은 내게 거의 30여 년 전 나의 모습을 증언하고 있다. 어제 다락에서 찾아낸 헌 스케치북 속의 못난 소묘 몇 점이 나의 과거를 이리 생생하게 보여줄 줄이야. 기록은 자신의 또 다른 복제다. 글을 썼거나 그림을 그렸거나 기록은 이렇게 나를 담아 놓은 채 우리보다 오래 산다.

2010년 봄

지허선사

　　내 별명은 '지하철 허당'이다. 좀 멋지게 표현하면 '지허선사'다. 지하철로 귀가할 때면 영락없이 정류장을 놓치기 때문에 붙은 이름이다. 주로 인사동 전시모임, 혹은 강연 기타 인적 모임인데 좋아하는 술이 늘 문제인 것이다. 환승역을 지나는 것이 보통이요, 내릴 역을 한두 정거장 지나치는 것은 애교 수준이다. 종점까지 갈 때도 많다. 다행히 집과 종점이 두 정거장 정도라 밤길을 터덜터덜 걸어온다. 술 마신 날은 별의별 각오를 다져도 열에 여덟아홉은 그렇다. 이런 이야기를 누구에게 했더니 지하철 덜컹거리는 리듬과 심장 박동이 맞으면 졸린다고 한다. 하긴 앉으면 조는 편이다. 그건 그렇고 지하철이 없다면 어땠을까. 지하철은 참 편리한 교통수단이다.

예전에는 지하철 공사를 터널식이 아닌 복개식으로 진행했다. 맨땅을 파헤쳐 양옆에 파일을 박아 벽을 만들고 그 위에 복공판을 깔아 찻길을 만들었다. 그러니 도로 가장자리에 겨우 사람이 다닐 공간만 남았다. 공사 기간이 기본 2~3년이었으니 상인들 영업은 힘들었고 차량정체는 일상이었다. 그 덕에 지금 서울 지하철이 거미줄처럼 짧은 시간에 이루어진 것이다. 늘 그렇지만 당시 지하철 공사장은 위험이 도사린 곳이었다. 커다란 기중기가 퍼 올리는 토사와 그것을 나르는 화물차, 철골 구조물, 용접 기계, 가림막과 표지판, 얽혀 있는 전선, 철망 등 복잡한 철공소 아니 야전 공장 수준이었다. 거기에 늘 울리는 콤프레서 소음은 양념이었다.

20대 사회 초년생 시절 모든 것이 불안했다. 직업, 학력, 계급, 재력 등 꿈 많던 청춘을 가로막는 사회구조에 수없이 좌절했던 나에게 당시 와닿은 그림 소재는 벽이었다. 벽 그림을 몇 점 그렸던 차에 당시 지하철 공사장 모습은 내가 처한 세상을 극명하게 보여주는 또 다른 벽이었다. 대상이 내 마음을 보여준다 싶으니 곧바로 작업을 시작했다. 주로 모필로 산수를 그리던 나에게 도시풍경은 상당히 큰 도전이었다. 큰 그림이었지만 전통 화구로도 얼마든지 사실적 묘사를 할 수 있다는 것을, 보여주고 싶기도 했다. 그때 그린 그림이 내 곁에서 그 시절을 증명하고 있다.

지금도 세상은 여전히 위험하고 청춘은 힘들다. 지하철 공사장을 그렸던 화가는 어느새 30여 년 세월이 흘러 지공 선사가 될 날을 간절히 기다리는 몸이 되었다. 가난한 화가에게 지하철 무임승차, 아니 공짜는 얼마나 멋진 일인가!. 인사동 가려면 주로 종로3가에서 내리는데 그곳에는 지공 선배들이 많다. 선배들이여 지하철 공짜를 미안해하지 마시라. 그 옛날 복잡한 공사장 먼지, 소음 군말 없이 참아준 대가라 생각하시라. 그나저나 세월은 정말 지하철만큼이나 빠르게 잘도 간다.

2017년

작업공간, 145X112cm, 화선지 수묵채색, 1982년

울산 대곡리 반구대, 천전리 암각화

　새해 둘째 날이다. 5시에 일어나 식사를 마치고 서울역을 향했다. 눈이 소복이 내려 있었다. 울산 반구대와 천전리 암각화를 만나러 가는 중이다. 그림을 좋아했고 치열한 삶 가운데에서도 시간을 쪼개 나름의 작업을 해왔지만 늘 묻는 말이 있다. 그림이 뭘까? 생각해보았지만 답을 찾지 못했다. 한때는 수많은 전시장, 미술관에서 만난 유명 작품들이 답인 줄 알았다. 어렴풋한 이해와 이리저리 섭렵한 미술사 공부로 배운 지식이 답인 줄 알았다. 하지만 늘 허전하니 결국 '그냥 그리면 그림이지'로 귀결되곤 했다. 답이 많아 답이 없다는 결론에 이르렀다. 결국, 내 나름의 답을 품지 못한 것이 문제였다. 논리와 이론은 그림 뒤엣것이다. 오래전 삶 자체를 그린 그림에 답이 있지 않을까. 선사시대 살던 그분들의 생각을 듣고 싶었다. 오늘 울산을 향하는 이유다.

1

울산역에 내리니 날이 포근했다, 버스를 타고 언양장을 거쳐 반구대 입구 정류장에 내렸다. 그곳에서 다시 반구대 박물관까지 버스를 타려니 하루에 3번뿐이라 시간이 맞지 않았다. 걷기로 했다. 거리는 약 2~3㎞. 서리 맞은 길가의 풀들이 숨을 죽이고 있었다. 도깨비풀 군락을 지나니 탱자나무 울타리 그리고 조경으로 심어 놓은 대나무 숲도 있었다. 공기가 다르고 조용한 풍광이 여행의 맛을 한껏 느끼게 했다. 박물관에 이르니 자가용으로 온 가족 단위 관람객들이 제법 있다. 마침 대곡리암각화 발견 50주년 기념전이 열리고 있었다. 전부터 알고 있던 상식적인 지식이 있었지만, 다시 차분히 관람하기로 했다. 현장보다 정확한 이미지를 선명하게 담아 놓은 곳이 박물관이기 때문이다.

2

　박물관 앞 대곡천에 놓인 다리를 건너면 오른쪽으로 2~30분 거리에 반구대 대곡리 암각화. 왼쪽으로는 약 2.6킬로 떨어져 천전리 각석이 자리 잡고 있다. 우선 반구대 쪽을 향했다. 조금 걸으니 경주 최 씨 문중의 정각 집청정**集淸亭** 고택이 보인다. 이름대로 맑고 경치 좋은 곳에 지은 집이다. 계곡을 끼고 다시 만난 반구서원(**盤龜書院**) 역시 명소에 지어진 집이다. 앞으로는 기암절벽이 있는데 바로 반구대다. 이곳은 암각화가 그려진 대곡리와 다른 곳이다. 바위에 새겨진 반구라는 글씨가 보인다. 역사 시대에 수많은 시인 묵객이 드나들었던 곳이다. 오늘 찾아가는 대곡리 암각화를 반구대 암각화라 부르는 것이 이곳에서 유래된 이름임을 알 수 있다. 아무튼, 반구대 주변에는 모은정을 비롯하여 역사 유택들이 많아 별도로 일정을 잡아 답사해도 좋겠다. 대숲을 지나니 공룡 발자국 화석이 있고 그 앞을 흐르는 대곡천이 햇빛에 반짝인다. 바위 모습이 대부분 두부모처럼 잘려져 있다. 그로 인해 그림을 새길 수 있는 환경이 된 것이다. 우리

나라 곳곳에 있는 구곡천이란 명칭처럼 태화강도 뱀처럼 흐르고 있었다. 둔덕을 넘어서자 강폭이 넓어지고 물길이 차츰 속도를 줄이는 곳, 커다란 바위 병풍이 보인다. 대곡리 암각화다.

3

강 건너라 망원경으로 볼 수밖에 없었다, 다행히 햇살이 퍼져있어 눈에 그 모습이 들어왔다. 마모 때문인지 모두 흐릿했으나 차분히 들여다보니 고래가 보인다. 암벽 중앙 균열 오른쪽에 있는 호랑이도 눈에 들어왔다. 올해가 임인년 아닌가. 이곳 울산에서 우리나라 최초의 호랑이 그림을 만난 것이다. 병풍처럼 넓게 자리한 암벽, 신석기 혹은 청동기 시절 사람들은 저 암벽을 바라보며 갑자기 뭔가 그리고 싶어졌을까? 아니면 그릴 곳을 찾던 중 좋은 바위를 만난 것일까? 행동은 의지의 발로다. 더군다나 힘들게 작업한 암각화는 그저 단순한 생각만으로 나올 수 없는 작품들이다. 약 7000여 년 전 점묘 작업 약 3500여 년 전의 선묘 암각화. 묘사 대상이 300여 점이 넘는다. 모두 문자 이전의 작업이지만 분명한 메시지가 있다. 사냥에 관한 이야기다. 요즘 USB에 정보를 담듯 암벽에 하고픈 사냥 이야기를 담아 놓은 것이다. 그런 면에서 본다면 그림의 시작은 서정보다는 서사다.

4

그렇다면 바위에 새긴 그림들, 행위의 원초적 내면은 뭘까? 우선 떠오르는 것이 공동체에 대한 사랑이다. 즉 자신들의 생활에서 가장 중요한 것, 먹고 살아가야 하는 생존의 방식만큼은 꼭 전하고 싶었던 것이 아닐까. 또 하나는 대상에 대한 깊은 이해다. 눈감고도 대상을 그릴 수 있다는 건 그것이 그들에게 모두였고 전부였다는 근거다. 사냥감에 대한 사실적 묘사에 절절함이 녹아있다. 진정성을 엿볼 수 있다. 힘들게 바위를 쪼아 표현한 작업은 온 몸을 던진 노동의 산물이다. 경외심까지 들었다. 수렵시대 사냥은 공동체를 지속하는 모든 것이었을 것이다. 즉 시대정신이요. 에피스테메였던 것이다. 자연모방에서 출발한 이미지 작업은 그 뒤 문자로 발전되어 인간의 생각을 전하는 기호가 되었다. 이미지와 문자 그 속에 있는 소통의 본질성에 예술의 뿌리가 있을까? 이런저런 잡념이 어지럽게 머릿속을 오간다. 그나저나 이럴 때가 아니다 천전리 각석을 보러 발길을 옮겨야 할 시간이다.

5

　대곡리 암각화를 뒤로하고 천전리로 향했다. 좀 전에 왔던 길을 되돌아간다. 풍광이 사뭇 다르다. 세상일도 그렇다. 같은 길도 방향을 달리하면 다르게 보이고 다른 세상이 된다. 다시 반구대 박물관 앞 이제 북쪽으로 걸으면 된다. 상류 쪽이라 갈수록 물길이 좁아졌다. 천변으로 길이 나 있었는데 조금 더 걸으니 산길이다. 나무를 타고 자란 노박덩굴 열매가 빨간 얼굴을 내밀고 있다. 무채색의 겨울에 색을 만난다는 것은 큰 즐거움이다. 가파른 산길로 접어드니 나무계단이 놓여 있다. 과거에는 나무꾼이나 보부상들이 신라 시대에는 화랑도들이 다녔을까. 반구대와 달리 천전리 방향으론 한 명의 행인도 없다. 외로운 산행이다. 갈수록 산세도 가파르다. 대곡천이 내려다 보인다. 길가에 늘어선 바위 역시 두부처럼 잘린 모습이다. 얼마를 걸었을까. 물길이 돌아 나가는 곳 멀리 사람이 보인다. 그 앞으로 사진 촬영하는 사람이 있고 난간이 설치되어 있다. 그렇다면 저곳이 천전리 암각화! 맞다. 멀리서 봐도 알겠다. 암각화 맞은편 강 건너에는 너른 바위가 큰 마당처럼 펼쳐져 있었다. 알고 보니 그 너럭바위에는 공룡 발자국이 남아있어 문화재로 지정된 곳이었다. 그 앞으로 돌이 여럿 놓여 있으나 물길이 빠르고 폭도 넓다. 위쪽을 보니 다리가 놓여 있다. 다리를 건너 돌아 내려가니 천전리 각석이 반갑게 맞아 준다.

6

천전리 각석은 판 자체가 앞으로 살짝 숙은 모습이다. 대강 보아도 약 15° 정도 기울어져 있다. 약 1~2m 앞으로 난간이 설치되어 있어 가까이 볼 수 있다. 여러 문양이 보인다. 하지만 자세히 봐야 보인다. 오랜 세일 탓일까. 선명하지 않다. 사전 지식을 들춰내며 나름 차분히 바라본다. 아직도 해독이 완전치 않은 기하학적 문양들, 맨 위로는 마름모꼴 도형이 늘어서 있고 동심원, 물결무늬 등이 보인다. 중앙 하단에는 신라 시대 새겨 놓은 명문도 보인다. 학자들 연구에 의하면 이 명문에는 신라 시대 역사를 이해할 수 있는 중요한 내용이 들어 있다. 갈문왕이란 호칭에 법흥왕 진흥왕 사연에 김유신 아버지 이름까지. 시간 내어 차분히 공부할 부분이다.

7

강가에 평평한 바위가 칠판처럼 서 있다. 그 앞으로 사슴도 지나갔고 호랑이도 지나갔으며 인간도 지나갔을 것이다. 그런데 그곳에 무언가 새기고 싶었던 것은 인간이었다. 발달한 지능 덕일까. 불을 다루었으며 그릇을 만들었다. 토기에 빗금을 새겨 넣는 것과 바위에 이미지를 새기는 작업의 차이는 뭘까. 그릇에는 없는 도상이 왜 바위에는 새겨져 있을까. 천전리 각석은 지금 시선으론 지극히 추상적이다. 하지만 그들에겐 매우 사실적인 묘사였을지도 모른다. 그렇다면 무엇을 그린 것일까. 하늘, 땅, 별, 강, 동물 그리고 인간이 아닐까. 동물과 사람 모습, 얼굴도 보이니 보이는 것을 그리지 않았을까. 어린아이 그림을 보면 무엇을 그렸는지 도대체 모를 때가 있다. 물어보면 아이는 꽃 혹은 별, 달이라 한다. 하지만 어른의 시각으론 쉽게 와닿지 않는다. 이곳 천전리 각석의 이미지도 그와 유사한 경우가 아닐까. 우리가 보기엔 모호한 도상도 선사인들 사이에선 서로 소통 가능한 이미지 문법이지 않았을까. 이런저런 생각이 꼬리를 문다. 천전리 이미지는 대곡리에 비해 어렵지만, 상상력을 자극한다.

8

천전리 각석 앞길에는 버스도 없고 차도 없다. 걸음을 재촉했다. 마지막으로 찾고 싶은 곳은 울산 대곡박물관이다. 다시 3킬로 정도를 걸어야 했다. 다리가 피곤하다. 하긴 오늘 많이도 걸었다. 잠시 앉아 쉬었다. 시간처럼 강물이 쉼 없이 흘러가고 있다. 동네가 보인다. 반구대 주변과는 다르게 마을이 제법 크다. 대곡박물관이 보이고 멀리 대곡댐 제방이 보였다. 박물관에 들어서니 직원분들이 친절하게 맞이해 준다. 우선 서가를 유심히 살피니 관장님일까. 나이 지긋한 분이 내 곁을 지키며 울산 지역 설명을 해주신다. 묻고 들으며 대화를 나누다 보니 울산을 참 몰랐다는 생각이 들었다. 댐 건설로 발굴된 수많은 유적 유물들. 나는 울산을 공업 도시로만 배웠던 세대다. 알고 보니 공룡시대부터 선사시대 역사 시대에 이어진 엄청난 역사의 지층을 가지고 있는 도시였다. 공룡 발자국, 암각화, 고래잡이 신라를 거쳐 근현대에 이르기까지. 수많은 유물을 전시한 박물관을 나서니 관장님이 두꺼운 책을 선물로 주신다.

9

배가 고팠다. 부지런히 버스를 탔다. 마침 언양 장날이었다. 소머리국밥을 사 먹었다. 커피가 마시고 싶다. 늦은 시간에 귀경하는 기차를 겨우 예약했던 터라 시간이 남아있다. 날이 어둑해졌지만, 버스를 타고 장생포항을 찾았다. 늦은 시간이라 포구는 쓸쓸했다. 커피를 마시며 생각을 해본다. 암각화에 그려진 고래사냥과 얼마 전까지 포경이 이루어졌던 이곳 장생포항. 시간은 흘렀지만,

공간 활용은 아직 그대로다. 공간에는 시간이 숨어 있다. 그림도 그렇다. 귀경길 기차에 몸을 맡겼다. 우리나라 최초의 그림 암각화를 만났지만 그림에 대한 답은커녕 어려운 화두만 짊어진 것은 아닌지. 머릿속에는 숙제만 가득하다. 집 대문 앞에서 시계를 보니 새벽 1시다. 단 하루 만에 다녀온 7000여 년의 시간여행이었다.

2022년 1월

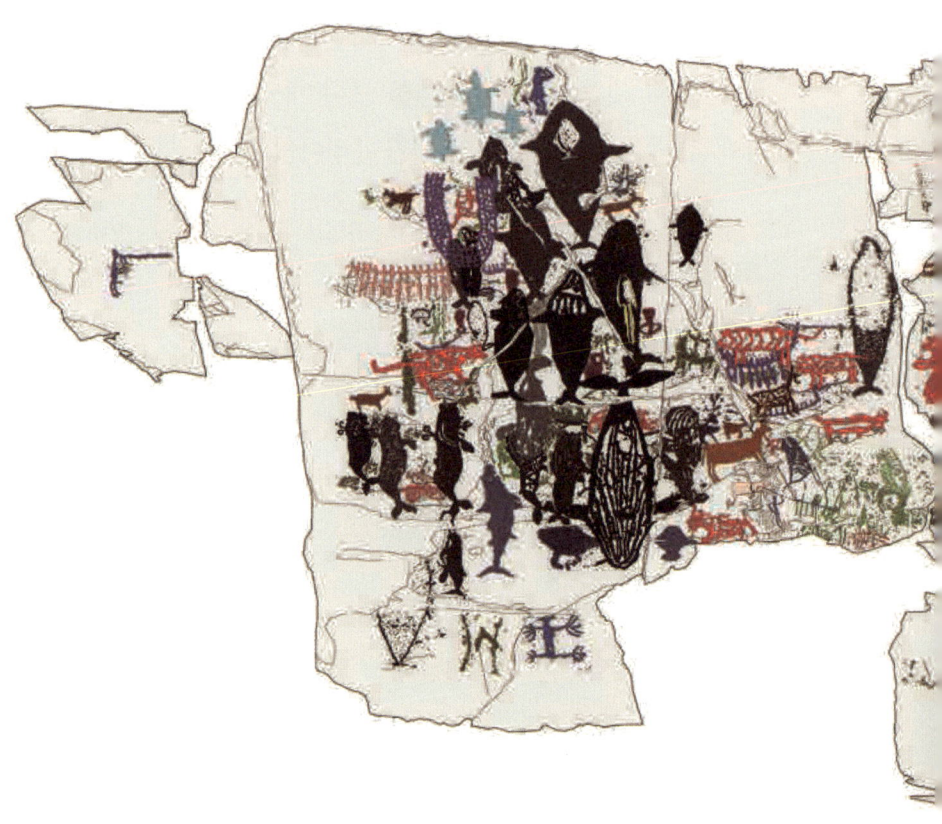

20211011 반구대 암각화 중심 암면 울산대학교_반구대연구소

독끄

어릴 적 우리 집에는 개가 있었다.

이름이 '독끄'였는데 황구, 백구처럼 '독구'로 부르기도 했다. 항상 점잖게 대문간에 앉아 집을 지켰다. 그러다가 우리 집 식구가 나타나거나 내가 학교 갔다 올 때면 여지없이 알고 일어나 반갑게 꼬리 쳤다. 오랜 세월을 같이 지낸 터라 눈빛만으로도 통했고 말귀도 알아챘다. '독끄'가 영어의 도그 dog에서 온 이름인 줄 안 것은 중학교에 들어가 영어를 배우고 나서였다.

개를 부를 때 "얼레 레레레레"하고 불렀는데 아랫입술을 당겨 아랫니를 덮고 혓바닥을 아랫입술 안에 대고 숨을 내쉬면서 혀를 흔들며 내던 소리였다. 이 소리는 마술피리처럼 안 보이던 "독끄"를 항상 내 앞에 꼬리치며 나타나게 했다. 서울로 전학 간 뒤에도 방학 때 내려오면 언제나 나를 따르며 함께했던 "독끄", 겨울방학에는 토끼 잡으러 눈 내린 산속을 함께 헤매던 추억이 있고 가끔은 쥐도 잡아 영특함을 뽐내던 개였다.

어느 해인가 박물관이나 미술관을 들락이며 조선 시대 회화를 공부하다 영모화翎毛畵에 깊이 감명받았던 나는 특히 김홍도의 "송하맹호도"뿐 아니라 변상벽의 "묘작도", 남리 김두량의 "견도", 이암의 동화 같은 "모견도" 모두 특색이 있고 묘사의 적확함이 가히 천상의 실력이라 부러워했었다. 한국화는 특히 인물초상화를 빼고는 거의 밑그림 없이 일필휘지로 그리니 사물을 파악하는 눈매는 화가만의 타고난 재능 아니던가!

그 뒤 군을 제대하고 집에서 사진첩을 정리하다 조그만 사진에서 '독끄'를 보았다. 반가운 마음에 그 즉시 커다란 그림 약 80호를 그렸었다. 그때 그린 그림이 커다란 대문 앞에 앉아 있는 '독끄'였다. 나도 선대화가와 겁없이 대적할만한 작품을 하고 싶었다. 그 분위기를 이어

고양이 그림도 그렸는데 그 그림은 아이들이 무서워해 지금까지 다락에 숨어있다. 생각해보니 두 그림 모두 일필휘지로 정신없이 그렸던 생각이 난다.

사진에 있는 자세대로 그렸으나 사실 개의 묘사는 전적으로 나의 머릿속에서 나왔다. '독끄'와 지낸 세월이 나를 과거로 이끌었으며 생생하게 되살아났다. 그림은 완성했으나 감히 선대화가와 견주려 한 나 자신 무모함을 알고 이건 아니다 싶어 그림을 버리려고 뜯어냈다. 그림 상단부를 뜯고 하단부마저 뜯으려다 "독끄"를 보고는 차마 불살라 버릴 수 없어 잘라내어 보관했었다. 그 뒤 어느 해엔가 표구를 했던 기억이 있다.

오늘 달력 몇 장을 넘기다 우연히 초복 중복글씨에 갑자기 '독끄'가 떠올랐다. 다락에 올라가 액자를 찾아보았다. 먼지를 뽀얗게 뒤집어쓴 빛바랜 액자가 있었다. 유리를 닦아내자 '독끄'가 먼저 나를 알아보고 반갑게 맞아 주었다. 가슴이 울컥했다. '독끄'는 대문간에 의젓하게 앉아 30여 년을 홀로 고향 집을 지키고 있었던 것이다. 그동안 외로웠던 '독구'를 위해 다시 액자를 새롭게 단장

해야겠다. 이 '독끄' 그림은 작품으로서는 높낮이가 있을 수 있으나 나의 어린 시절 추억이 있어 곁에 두는 작품 중 하나가 될 것이다. 몸에 좋다고 먹으라는 개고기도 안 먹고 버틴 것이 생각해보니 영원한 나의 친구 '독끄' 때문이 아니었나 싶다.

2009년 여름

독끄, 53.5X37.5cm, 화선지 수묵담채, 1981년

작품 '연인'

내가 사는 집, 안방에는 글, 그림이 여섯 점 걸려 있다. 작품이 여섯이나 있으면 방이 크다고 생각할지 모르나 실은 작고 보잘것없다. 작은 방일수록 벽에 그림이나 사진이 있으면 방을 크게 느끼며 살 수가 있다. 그림에는 깊이가 있기 때문이다. 특히 풍경화가 걸려 있으면 바로 앞의 벽도 멀리 수십 리 경치가 보이는 뚫어진 창이 된다. 방에 있는 글, 그림 여섯 점 중 아끼는 그림이 있는데 '연인'이란 작품이다.

시골서 공부를 곧잘 한다는 소리를 들었던 나는 일찌감치 서울로 전학을 와서 이모님 댁에서 학교에 다녔다. 사람은 서울로 보내고 말은 제주도로 보내란 말이 유행하던 시절이었다. 어린 나이에도 농사일로 고생하시는 부모님에게 보답하는 길은 오직 공부를 잘해서 이름난 대학에 입학하는 것으로 생각했었다. 그렇다 보니 누구나 잘한다고 인정했던 그림 그리기는 취미로 치부하며 멀리했었다. 그런 행동에는 '화가는 가난하고 고생한다.'라는 어른들의 말씀도 한몫했지 싶다. 시골에서 잘한다던 촌놈 공부는 과외와 전과나 수련장에 단련된 서울 아이와 비교하면 열등한 것이 분명했다. 그래도 열심히 공부해 목표로 한 대학에 도전했으나 실패했다. 재수했으나 마찬가지였다. 1년을 더 공부하고도 원하는 학교에 가지 못한 나는 일기장에 눈물로 '대학을 포기한다.'라고 썼다. 칭찬을 밑천 삼아 거침없이 달려온 나에게 처음 겪은 커다란 좌절이었다. 큰 충격에서 벗어나려면 인간은 자기합리화를 잘한다. 나의 실패는 하늘이 준 재능을 쓰지 않으려고 한 죗값이라 믿었다. 그러던 중 입대 영장이 날아왔다. 더는 진로를 논할 입장도 되지 못했다. 결국, 군에서 제대하면 화가가 되기로 마음먹고 틈나는 대로 미술 서적을 열심히 읽었다. 전역하는 사병의 얼굴 초상도 그려주면서 데생 실력도 쌓았다.

　제대하고 맞이한 80년대는 사회적으로나 나 자신에

게도 암울한 시절이었다. 화가가 되기로 각오한 대로 그림을 그리기 시작했으나 먹고 살기가 막막했다. 취직을 해 봤으나 능력이나 학력學力이 아닌 학력學歷이 곧바로 급여의 차이로 연결되는 세상이었다. 그러니 재수, 삼수, 오수를 하면서 대학을 가려 하는구나. 용납이 되지 않았다. 할 수 없이 액자를 만들어 주는 표구사를 차리고 낮엔 일하고 밤에 그림을 그렸다. 실력을 닦으려고 벼루와 먹을 들고 전국을 돌며 스케치 여행도 다녔다. 많이 보고 많이 그리는 것만이 살아남을 수 있는 길이라 믿었다. 전시회란 전시회는 모두 발품을 팔았다. 멀리서도 그림만 보면 누구 그림이며 어느 시절 작품인지도 알아볼 정도였다. 열정만이 자산이던 시절이었다.

하지만 순수하다고 생각했던 그림 세계에도 차별은 있었다. 학연 지연이 없는 무명화가에게 정보도 없었으며 전시공간은 높기만 했다. 할 수 없이 작품을 공모전에 출품하여 그림이 걸리는 행운도 얻었지만, 괜스레 서럽던 시절이었다. 군사정권 시절 소시민과 소외된 노동자에 관심을 가진 작품들은 시장이 원하는 그림과는 거리가 멀었다. 철조망, 녹슨 대문, 찌그러진 가드레일, 상처 난 벽,

주름진 얼굴의 노인, 공사장 풍경 등이 그림의 소재였다.

현실의 모습은 모두 부정적으로 보였다. 나에게 아름다움을 찬미하는 그림은 왠지 거짓말같이 보였다. 현실과 너무 다르게 느껴졌기 때문이었다. 시절이 어수선하여 전시 도중 동료 화가들의 그림이 압수되기도 했다. 소외되고 경쟁에 밀려난 자는 항상 나와 동격이었고 그런 모습은 모두 그림의 소재가 되었다. 이런 세월을 보내던 나에게 사랑이 찾아왔다. 나를 이해해 주는 아내를 만난 것이다. 그 시절 탄생한 그림이 바로 "연인"이다.

그림을 다시 들여다본다. 그림 아래쪽에 가게 앞길, 다정하게 어깨를 껴안고 걷는 연인의 모습이 있고 길 건너에는 삼, 사층 됨직한 건물이 자리하고 있다. 기다란 전봇대와 전깃줄이 이리저리 늘어져 있는 부감시 구도의 밤 경치 그림이다. 바로 내가 일하던 화실 겸 가게가 있었던 공항동 시장 풍경이다.

지금 보아도 이 그림은 사랑이 충만할 때 사랑을 그렸으니 당시 마음이 묻어난 작품이 분명하다. 어두운 밤이지만 창문의 붉은 빛은 가슴의 열정이었고 건물의 굼실거림은 설렘의 표현이었다. 주변의 모든 것이 나를 축복하는 듯 춤추는 듯이 보였다. 가난한 동네의 전신주는 어둠 속에서 무거운 짐을 힘겨워했지만, 연인에게는 꿈과 희망이 가득하던 골목길이었다. 두 사람에게 순대 파는 가게, 족발집, 튀김집, 분식집 등은 그 어떤 고급스러운 카페보다도 아름답고 행복한 장소가 되었다. 그녀와 함께라면 낙원이 따로 없었다. 습작 시절을 제외하고 어둡고 탁한 소재를 즐겨 그려오던 내가 서정적 분위기로 짧은 시간에 완성한 것이 바로 이 작품이다.

지금 다시 보니 밤 골목길 그림의 시발점이 바로 이 작품이 아닌가 싶다. 삶이 답답하거나 생각이 정리되지 않을 때 이 그림을 보고 있으면 순수했던 감정과 작품에 대한 열정이 되살아난다. 자그만 그림이지만 거울처럼 나를 되돌아보게 하는 것이다. 더러움에 물들지 않았던 시절을 선물하는 존재다. 그림은 '배우는 게 아니고 터득'이라며 스승 없이 홀로 살아온 나에게 내 그림이 오늘도 나를 가르치고 있다. 힘들지만 뜨겁게 사는 것이 아름다운 삶이라고.

서사형 수필이 발흥發興하는 이유

늘샘 김상천
문예비평가/시인

김포노인의 에세이집 <고양이처럼 출근하기>를 읽고

예술이 서 있어야 하는 자리는 어디인가.

우연히 '서사가 있는 음악회'라는 제목을 단 글을 보고 이끌린 적이 있다. 이야기도 있는데 왜 서사일까. '이야기'와 '서사'의 차이는 무얼까. 대체 서사가 뭐길래 이렇게 끌리는 걸까. 서사에는 사람들의 마음을 잡아끄는

연인, 28X42cm, 화선지 수묵담채, 1984년

그 어떤 중요한 것something이 숨겨져 있기 때문이 아닐까. 우선 이렇게 생각할 수 있다. 즉 굳이 대중적인 기사 제목으로 '서사가 있는'하고 제목을 뽑은 것은 그것이 꼭 음악회가 아니더라도 서사가 있어야 한다는, 그래야만 대중들의 구미를 당기게 할 수 있는 문제라는 것을, 시대의 모럴이자 가치로, 서사는 인자 이 시대의 문법이 되었음을 암시한다 라고...

한때 언어학이, 신화학이, 기호학이, 해석학이 일시적으로 큰바람을 일으켰다가 미풍으로 그치고 초목이 바람에 쓰러지듯 인자 서사학이 풍미風靡하고 있다. 그야말로 서사는 이 시대의 문법이 되었다. 벼룩처럼 들끓는 생활서사로서의 대중들의 소소한 수다, 잡담, 쑥덕공론 등 수많은 댓글, 조팅jottingg한 메모의 형태로, 즉 실뱀장어같이 작지만 위력적인 서사폭탄-가령, '대통령의 연설문은 대필 되었다'는 작은 이야기 폭탄, 서사소에서 새로운 권력이 탄생하였던 것처럼-의 미시서사들이 SNS공간을 타고 흐르면서 긍정이든 부정이든 일상을 장악하고 있는 현실을 어티케 설명할 수 있을까.

그러고 보니, 여기저기서 이야기니, 스토리텔링이니, 대중서사라는 말이 대두하고 '근대문학의 종언'이니, '소설은 죽었다'느니 하는 기표가 문학 동네의 어수선한 분위기를 대변하고 있기라도 하듯, 한때 서자 취급을 받았던, 그러나 근대문학의 정전으로 왕자의 권위를 누려왔던 소설이 언제인가부터 '소설 쓰냐'하는 말이 그렇듯 근대소설은 이제 의심을 받는 처지가 되었다. 소설의 퇴조 declining는 근대의 장편소설이 현실을 떠나 한가하게 살아가는 부르주아를 독자로 삼아 고독과 연애에 과도하게 몰입해 왔기 때문이다. 즉 근대소설은 부르주아 계층의 정신감정을 반영한 과잉결정의 산물이다.

그러나 일상생활 감정에 기초해 살아가고 있는 대중독자들에게, 더구나 디지털화된 바쁜 일상에서 순간순간 빠른 결정을 내려야 하고 어덥터블하게 유연한 대응을 하면서 살아가야 하는 그들에게 근대의 장편들은 현실적 근거를 잃을 수밖에 없다. 이는 또한 매체 헤게모니가 지식인 중심에서 대중 중심으로 자리바꿈했다는 사실을 뜻하기도 한다. 현대철학의 중심지 파리에서 "누가 말하든 무슨 상관인가?"라는 탈근대철학자 미셸 푸코(<저자란

무엇인가>)의 혁명적 선언이 가리키는 메시지는 무엇인가? 이 또한 그(<말과 사물>)의 주장대로 (그 잘난 부르주아)인간의 시대가 끝나고, 근대문학이 종언을 고했다는 것 아닌가?

자, 그렇다면 대중이 중심이 된 시대의 문법이 된 서사란 무엇인가. 즉 서사를 서사이게 하는 기본 요소는 무엇인가. 우리는 그것을 '서사성narrativity'이라고 부를 수 있다. 자, 말하기 좋게 비유를 통해 설명해 보자. 그림이 그야말로 그림이 되기 위해서는 어떤 조건이 필요할까. 우선은 오브제라고 말하는 기본재가 있어야 할 것이다. 여기다 물감으로 질감을 입히고 수도 없는 붓질 brushworking-이것이 앞으로 나올 '헛챔질'의 전조다-을 더해 화가의 화심이 녹아들어가야 비로소 작품이 될 것이다. 대상을 변형하고 재구하고 전환해서 거짓말처럼 그려내는 거-이걸 고흐는 '진실한 거짓말'이라 했다-다. 자, 그렇다면 이건 참으로 재미있는 야그가 아닌가. 이건 뭐 그대로 우리가 생각하는 무늬의 세계이고, 문화의 세계이고, 인문의 세계이고, 텍스트의 세계 아닌가. 아니 '서사敍事'라는 게 '사태事'를 '서술한다敍'는 것이니, 서사는 결국 일상의 삶을 이야기로 구워내는 것을 말하지 않는가.

그러나 주의해서 잘 보면 알 수 있는 사실이지만 어떤 것이 서사가, 작품이 되기 위해서는 밀가루가 빵으로 구워지듯 사실의 세계에서 가치의, 의미의 세계로의 '변환transition'이 일어나야 한다. 중요한 것은 이게 양의 전환보다는 질의 전환에 더 가깝고, 이게 작품이 되기 위해서는 베르그송 식으로 말해서 '질적 강도qualitative intensite'라고 볼 수 있는 정도로 내적으로 여물어져야 한다는 점이다. 이 정금 같은 질적 강도 여부가 서사의 서사성 여부를 결정짓는 본질적인 요소라 할 수 있다.

자, 그렇다면 의미 있는 질적 변화를 일으키는 서사의 사례를 보자.

<삼국지>의 영웅인 무장 관우關羽, 그는 돌추처럼 무거운 장수였다. 그런 그는 제갈공명諸葛孔明을 그리 곱게 보지 않았다. 곱상하게 생긴 서생書生 같은, 그러나 범접하기 어려운 뭔가가 있어 보이는 그가 맑은 눈으로 자

신을 쏘아보는 데다 그가 늘상 유비 곁에 붙어서 뭔가를 모의하고 자신은 이들의 지시를 따라야만 했으니 그럼직도 했을 것이다. 그러던 어느 날 관우는 공명의 글을 받고 어린아이처럼 뛸 듯이 기뻤다. 대체 공명이 어떤 글을 써서 주었길래 그렇게 돌추처럼 무거운 장수를 뛸 듯이 기쁘게 했는가. 그전에 관우는 마초가 투항해 왔다는 소식을 듣고는 일찍이 그에 대해 자세히 아는 바가 없었으므로 제갈량에게 편지를 써서 마초의 인품과 재능이 누구와 비교할 만한지 물었던 것이고, 공명은 우위優位를 지키려는 관우의 마음을 꿰뚫어 보고는 관우가 마초나 장비보다 뛰어난 장수라며 그를 '미염공美髥公'이라 칭했다. 긴 수염으로 유명한 관우에 대한 예우로 그의 긴 수염이 천하지 않고 아름답다는 것이다. 그러니 어찌 돌추처럼 무거운 관우가 어린아이처럼 뛸 듯이 기뻐하지 않았것는가.

자, 여기 자연인 '관우'가 문화인 '미염공'으로 인간적 위엄dignity을 지닌 존재로 재탄생하는 순간 관우는 자기도 모르게 마치 독사에게 기가 쏘인 개구리처럼 공명에게 꼼짝 모하게 된 자신을 발견했다. 진정한 조복調

伏은 이렇게 문화의 힘에 있는 것이다.

    서사성을 지닌 이야기의 힘이 을매나 대단하지 한번 더 보자.

    저항 시인으로 유명한 이상화가 일본 유학 당시 관동 대지진을 맞으면서 겪은 일화 중에 다음과 같은 이야기가 전한다. 이상화는 천지를 진동하는 불안한 거리를 거닐다 일본의 청년 자위대원에게 붙잡혀 죽기 일보 직전의 상황에 놓였다. 그러나 상화는 역시 상화였다. 그는 태연하고 담대한 태도를 보이며 조용한 어조로 말했다.

    "나는 죄 없는 사람이다. 그대들도 죄 없는 사람일 것이다. 죄 없는 사람이 죄 없는 사람을 죽인다는 것은 있을 수 없는 일이다."

    절체절명의 위기를 맞은 한 인간 구원의 순간은 서사의, 의미의 불이 일어났던 순간이다.

    서사란 무엇인가. 그것은 이야기에 담긴 하나의 모럴이고, 이 모럴을 통해 말하고자 하는 하나의 욕망이자 꿈이고, 새로운 역사로서의 해석행위 아닌가. 서사행위는 하나의 해석행위다. 존재차원에서 의미차원으로의…삶은 해석행위로서의 이렇게 의미 있는 서사적 전망을 지녔을 때 금줄로 빛을 발하기 시작한다. 바야흐로 대중이 주인공인 대중서사시대다. 나는 지금 그 어떤 인생 서사전략을 가지고 있는가. 중세의 마법사가 구리, 납, 주석, 철 따위의 여러 가지 비금속을 섞어 금, 은 따위의 귀금속으로 변화시켜 내듯이, 21세기 연금술인 서사는 지금 너와 내가 씨줄과 날줄로 만나 새로운 가능세계의 연금술사가, 인생 역전의 주인공이 될 것을 요구하고 있다.

수필은 내가 보여주고자 하는 '그것it'의 이야기다. 이야기는 너와 소통하고 싶어 견딜 수 없는 서사적 격정과 근질근질한 욕망을 지닌 참을 수 없는 가벼움의 세계다. 자, 그러면 이제 칡뫼김구 화백의, 아니 상허 이태준의 <무서록無序錄>과 근원 김용준의 <근원수필近園隨筆> 등 최고의 미의식을 지닌 한국 수필의 전통과 교양을 두루 익히고, 법정의 <무소유無所有> 등 불교적 사유를 깊이 있게 체득했을 뿐 아니라 자신의 삶을 대자적으로 성찰하여 이제 노경老境의 언덕에 이른 김포노인이 노련하게 보여주고 있는 '그 이야기'의 세계로 미끄러져 들어가 보자.

　-작품 <추억이 담긴 그림 한 점>을 펼치면 안면도 영목항 포구를 배경으로 한 젊은 총각 시절의 여행기가 눈을 사로잡는다. 객창감을 잘 보여주는 군더더기 없는 알맞은 이야기 구성과 그 이야기 속 서울여관에 묵었을 당시의 예쁘장한 시골 섬 소녀와의 만남, 그 이야기 속에 담긴 아련한 추억이 그림 속에 커다랗게 숨어 있는 진실한 인간의 모습은 너무도 아름다운 그야말로 그림 같은 세계다. 글이든 그림이든 모다 '그리다'라는 원형에서 가지를 튼 것인데 그는 이렇게 그리운 시적 기억의 행복했던 세계로 독자인 나를 노련하게 끌어들이고 있다. 마치 내가 그곳에 실제로 놓여있었기라도 한 것처럼…

　-이어 <용재 아저씨>는 우리 주변에서 얼마든지 볼 수 있는 선부善夫 같은 이야기의 표본이다. 도시 문명 세계의 잘난 사람들과는 거리가 먼 착한 사람에 관한 이야기로, 저 푸코 아저씨의 광인 이야기를 연상케 하는…아크, 진실은 편재한다니, 나의 어릴 적 시골 마을에도 또

한 이런 용재 아저씨가 있었다. 그러나 그는 여자였다. 모두의 관심사이자 모두의 놀림감이 되었던 그녀, 그는 전통적인 집단 사회의 억압이 낳은 소수약자의, 마이너의 표본이 아니었던가. 그런 그를 돌콩꼬투리의 쭉정이로, 덜 자란 알갱이로, 우화적으로 돌려 말하는 이솝적 지혜를 그는 숨겨놓고 있다. 역시 노련한 맛이 아닌가.

자, 이렇게 일상에서 출발한 이야기는 소박한 아름다움을 지니는 데에 큰 장점이 있다. 그럼에도 그의 이야기에서 우리는 세련미를 느끼게 된다. '소박미'와 '세련미'를 함께 갖춘 그의 이야기는 놀라운 세계의 연속이다. 그래 한강 모래밭의 반짝이는 금편 닢이라 했나. 이 중에 나의 눈깔을 사로잡은 두 개의 장면을 더 보자.

-낚시하기 좋아하는 나는 남들보다 고수라면 고수다. 그것은 물론 내가 낚시의 비법을 터득하였기 때문인데, 그것이 바로 '헛챔질'이다. 낚대를 던져놓고 어느 정도 시간이 지나면 입질이 없어도 고기를 채듯 힘주어 낚시를 들어 올리는 방식이다. 그러면 헛챔질에 한곳에 떡밥이 떨어져 고기들이 그 주위에 몰려들어 어군이 형성

된다. 이런 방식으로 나는 매번 조황釣況이 좋을 수밖에...이런 것은 인생도 마찬가지다. 인생사도 당장은 헛손질일망정 열심히 하다보면 좋은 결과를 만난다. 그 결과로 장인이 탄생하고 좋은 작품도 탄생한다.

여기에는 분명 김포노인의 철학이 됨직한 그만의 독특한 개성과 매력, 깊이가 있다.

-김포 송정에서 한때 가구점으로 좋았던 시절도 잠시 외환위기를 맞아 집이 경매에 넘어가고 나는 수배대상으로 쫓기는 신세가 되었다. 몇 개월을 버티다 집이 몹시 그리워 밤늦은 시각에 찾아들었다. 경찰이 어티케 알았는지 그 시간에 "계십니까. 김형구 씨 계십니까?"하고 나를 찾았다. 순간 가슴이 털컹 내려앉았다. 아내도 당황한 기색이 역력했다. "계세요. 파출소에서 나왔는데요" 잠시 아무 소리도 없자 "아무도 안 나오네요. 넘어 들어가 대문 딸까요?" 하는 소리에 마누라가 "누구세요?" 하며 뛰어나갔다. 몇 가지 수작하는 중에 경찰관이 "잠깐 들어갈 수 있을까요?" 드디어 칼을 뽑아 들었다. 가만히 있을 마누라가 아니었다. "뭐라고요? 야밤에 여기 여

자 혼자 있는 집엘 들어온다고요?", "그리고 좀 전에 담 넘으려 하셨죠? 아저씨, 민주 경찰 맞아요?" 하는 소리에 민주 경찰은 뇌의 충격을 받고 돌아갔다. 아내는 자기 새끼를 지키기 위해 커다란 사냥개 앞에 버티고 있던 <투르게네프의 참새>였다.

놀라운 이야기다. 갑자기 이상화의 담대와 기지가 겹치는 순간이 아닌가.

이 외에도 웅숭깊은 내면을 지닌 노인의 안광을 번뜩이게 하는 이야기는 하나 둘이 아니다. 가령, '고승을 찾아갔다가 부처님을 만나다'는 작품만 해도 그렇다. 법정의 <무소유>를 읽고 크게 감동을 한 터에 기어코 친견하겠노라 해서 찾아간 곳이 동명의 다른 암자를 찾아 헛걸음인 줄 알고 실망했다가 스님의 소개로 폭포를 만나 선정禪定을 얻은 이야기를 담은 일화는 참구參究하는 구도자로서의 노화백의 진면모를 보게 한다. 그의 진면목은 한국의 미술계畫壇에 대한 그의 가차 없는 비판이 담긴 글에서 더욱 빛을 발한다. 그날 우리는 덕수궁 미술관에 지인들과 함께 몰려갔다. 그러나 그날의 감회가 남달

랐던 것일까, 작정하고 쓴 에세이 '장욱진의 회고전을 보고'에서 그는 '그림은 무엇을 어떻게 그릴까'를 고민한다 먼저 '무엇을'은 작품의 대상이자 작가의 생각임을, '어떻게'는 형식이라 한다. 그가 그 무엇을 말하기 위한 헛챔질이다. 이를 통해 그는 박수근을 비롯해 이중섭, 김환기 등 당대 최고라 배웠던 대부분 작가의 작품은 왜 하나 같이 '현실 상황에서 유리되어 있는가'라고 지적한다. 그는 현실 순응주의자가 아니다. 그는 자신을 분단작가임을 자처하고 있다. 내가 아는 한 그는 회의주의 시인이다. '아프다!?'전 (2018년 나무아트), '슬프다!?'전 (2020년 갤러리 화인), '바라보다'전 (2022년 나무아트)을 비롯하여 연이은 그의 작품들에 한국적 모순의 중심에 서 있는 분단 현실을 외면하지 않는 이유가 여기에 있고, '어디로 갈 거나'(1987년 그림마당 민 전시작)처럼 무엇이 옳은 길인지를 묻는 진지한 도정을 모색해온 이유도 여기에 있을 터이다.

스타일stilus은 본래 심장을 잘 겨냥하여 찌르는 데 사용하는 단검이다. 그래 '현실에서 유리되어 있는가'는 그만의 스타일을 잘 보여주는 단검임이 분명하다. 그의 단검은 한국의 부르주아 화단을 겨냥하고 있지 않은가. 당신들의 그림은 어찌하여 꽃타령, 달타령 일색이고, 당신들의 그림은 왼 가족타령 뿐이고, 대체 당신들의 그림은 무엇을 얘기하는지 도무지 난 알 수 없다는 것이니, 노인의 비수 같은 회의의 문체가 번쩍이는 날카로운 순간이 아닌가. 앗, 데자뷰라니! 이거야말로 을마전에 작고한 신경림 시인이 발레리나 말라르메의 풍의 난삽한 시는 오히려 우리 문단에 악영향을 주었다며 부르주아 시단의 관념유희를 혹독하게 비판한 거와 같은 야그가 아닌가. 아! 씨발! 이것이야말로 문학이론에서 흔히 말하는 근대미학의 개조開祖라 일컫는 소위 칸트 류의 썩어빠진 부르주아의 초월적 관념론 미학이고 예술론이 아닌가. 현실과 유리된 '순수실재'의 세계가 어딘가에 있다라는…이것은 카프의 맹장 임화와 한때 격렬한 미술논쟁을 벌였던 한국 미단의 거벽巨擘 근원 김용준의 부르주아 미론, 전통예술론의 핵심이기도 하지 않은가. 그러니 이 순간이 드디어 선배 근원의 후광을 벗어나는 김포노인의 리얼리즘의 승리의 순간이 아닌가. 나는 그와 수도 없이 대작할 때마다 놀라는 것이지만 뭐 <한국민중미술사>를 쓰것다는 그의 각오와 다짐이 결코 헛챔질은 아닐 것이다.

대체 임화 선생을 화두로 삼아 글을 쓰고 있지만, 아직도 졸업하지 모하고 있는 못난 나와는 이 무슨 깊은 인연이란 말인지…

"일상사를 찬찬히 잘 기술하는 것은 교묘한 수필일지는 모르나 사상의 깊이가 없이는 훌륭한 수필이 되지 못한다."

-임화의 '수필론', <문학의 논리>, 학예사.

뭐 위대한 예술가는 위대한 사상가라는 거 아닌가. 그래 나는 여기, 스스로 빛나는 광배光背를 이룬 노인의 지혜와 경험이 오롯이 담긴 발군의 스테이트먼트를 대하면서 에세이는 결코 아무나 쓰는 게 아님을 느낀다. 여기, 일상사의 소소한 진실을 담은 서사형 수필이 왜 발흥rise하고 있는지…다크한 시기, 대중들의 넋은 모다 시적 과장도 소설적 과시도 아닌 진정한 위로와 힘을 느끼게 하는 두터운 교양 언어를 필요로 하기 때문이 아닌가.

무엇보다 핵을 둘러싼 수많은 외피라니, '헛챔질'에

그의 사유의 묘처가 있다.

나는 그렇게 읽었다.

<참고> 늘샘 김상천은 형태소에 기초한 근대 표준 어법이 부르주아 중심의 획일적인 언어 표현 양식이자 문화다양성을 해치는 비민주적인 잔재로 규정해 현실음을 중시하는 대중서사, 대중평자시대를 역설하는 문예비평가입니다.

글 가운데 하면(->하먼), 겠(->것), 못(-> 모), 어떻게(->어티케)로 표현하오니 참고하길 바랍니다.

칡뫼김구가 바라본 소소한 일상
고양이처럼 출근하기

초판 발행일 2024년 11월 04일

글, 그림 칡뫼김구

발 행 인 서인형
편　　집 김성은
발 행 처 한국스마트협동조합
주　　소 (03358) 서울특별시 은평구 통일로68길 4 원영빌딩 3층 302호
전　　화 02-764-3114
이 메 일 contact@kosmart.org
홈페이지 www.kosmart.org
ISBN 979-11-979060-3-9 03800

저작권법에 의해 보호를 받는 저작물이므로 무단전재와 복제를 금합니다.
이 책의 전체 또는 일부를 재사용하려면 저작권자와 한국스마트협동조합의 동의를 받아야 합니다.
*잘못 만들어진 책은 구입처에서 교환해 드립니다.
*책값은 뒤표지에 있습니다.